公文高手

炼成指南

U0304782

庞金玲　王紫薇　冯彬彬

著

机械工业出版社

CHINA MACHINE PRESS

本书是一本内容丰富的公文写作高手炼成指南，全书共有 10 章，不仅包含公文写作语言、公文基础知识，还包含公文高手的修炼之道、公文写作范式与管理流程、公文写作步骤等实操性极强的公文写作技巧和方法，并详细介绍了法定类公文、凭证类公文、规章类公文、计划类公文、讲话类公文和专用书信类公文的写作经验，内容翔实、通俗易懂。除此之外，本书作者还结合工作经历，提供了大量可借鉴的公文模板和广泛适用的公文写作知识，从而让公文写作新手在系统化的学习中，对公文建立全面认识，迅速提高公文写作水平，成长为公文写作高手。

图书在版编目（CIP）数据

公文高手炼成指南 / 庞金玲，王紫薇，冯彬彬著.
—北京：机械工业出版社，2021.12
ISBN 978 - 7 - 111 - 69604 - 9

Ⅰ. ①公…　Ⅱ. ①庞…　②王…　③冯…　Ⅲ. ①公文-写作　Ⅳ. ①C931.46

中国版本图书馆 CIP 数据核字（2021）第 235324 号

机械工业出版社（北京市百万庄大街 22 号　邮政编码 100037）
策划编辑：蔡欣欣　　　　　责任编辑：蔡欣欣
责任校对：闫　华　李　婷　责任印制：邬　敏
三河市国英印务有限公司印刷

2022 年 1 月第 1 版·第 1 次印刷
169mm×239mm·13.25 印张·163 千字
标准书号：ISBN 978 - 7 - 111 - 69604 - 9
定价：69.00 元

电话服务　　　　　　　　　　网络服务
客服电话：010 - 88361066　　机　工　官　网：www.cmpbook.com
　　　　　010 - 88379833　　机　工　官　博：weibo.com/cmp1952
　　　　　010 - 68326294　　金　　书　　网：www.golden-book.com
封底无防伪标均为盗版　　机工教育服务网：www.cmpedu.com

前　言

Preface

前几日，团队成员小王讲述了她表妹薇薇的故事，引发众人思考。

原来，表妹薇薇接到了一个撰写公文的任务，反反复复修改了几十遍，依旧没有达到领导的要求。于是她找到了小王，寻求帮助，说自己已经是"两眼一抹黑"了。

在见面之后，小王开始安慰薇薇："人不是天生就会写公文的，我第一次写时也不知该如何动笔。在经历过长久的摸索、积累和练习之后，我才从一个公文写作新手成长为高手。作为公文撰写者，我们需要有信心和耐心。"

当然，小王是想借此安慰薇薇，让作为公文写作新手的她树立信心，不要被一时的挫折打倒。这次的事情，也让小王回想起了自己作为公文"小白"的时光，于是小王与我们娓娓道来。

小王大学毕业后便进入报社工作，从此踏上了公文写作之路。记得第一次撰写公文时，她便陷入了"老虎吃天，难以下口"的困境。当时，为了完成任务，她搜集了大量的相关写作模板，试图"依样画葫芦"。可结果并不理想，反反复复修改了多次依旧被领导推倒重来。

后来，报社里热心的前辈们帮助了小王。他们告诉她，公文的撰写更像是"戴着镣铐跳舞"，考验的是如何在固有的格式和标准下"玩转花样"。而要跳好这支"镣铐之舞"，一方面，要求公文撰写者具有扎实的写作功底，做到理解材料、明确主题、知晓要求；另一方面，也要求公文撰写者掌握一定的写作方法和技巧。

后来，前辈们帮助小王梳理材料，并对她撰写的公文进行了润色，让小王的第一次公文撰写终于有了一个圆满的结局。如今小王再审视自己的第一篇公文原稿，只觉得中规中矩，而前辈们的修改稿则让人眼前一亮。

其实，陷入了公文写作困境的薇薇，与曾经的小王一样，都需要有人来指点迷津。

于是，一个大胆的想法也开始在团队中萌芽：像薇薇和曾经的小王一样，在撰写公文时会遭遇困境的公文写作新手还有很多，为什么我们不能将自己多年的公文写作经验进行总结，并编著成书，帮助公文写手们走出困境，写好公文呢？

有了写书的想法之后，团队成员们很快就做出了行动，开始调研撰写本书的必要性。通过调研，大家发现：不论是公文写作新手，还是已经有过几年写作经验的公文写作"熟手"，都有可能陷入公文写作困境。

对公文写作新手而言，不会写、不知道从何下手是他们在写作过程中会遇到的最大难题，而被打回重写，则是他们最惧怕却时常遇到的"噩梦"；对公文写作"熟手"而言，面对满脑子的材料和要求，找不到合适的突破口、缺乏创新则是他们在公文写作道路上需要突破的关键点。

针对这两类人群在公文写作中遇到的难题和需要解决的问题，我们也结合自己的公文写作经验，有的放矢地总结了一套可实操、高效的公文写作指南。由此，便有了本书的诞生。

本书共有10章，分别从公文的基本概念与常识、写作范式及管理流程、写作步骤及要领、成为行家里手的进阶修炼四个维度详细介绍了公文写作的方法与技巧，并分门别类地详细介绍了法定类公文、凭证类公文、规章类公文、计划类公文、讲话类公文和专用书信类公文的写作经验，内容翔实、通俗易懂。

通过阅读本书，读者可以学到这些知识与技能：

夯实公文写作理论基础：深入了解公文写作的基础知识，包括公文的概念与特征、构成要素、写作范式和管理流程、写作步骤和要领等。

实现公文写作的进阶：学会公文提纲的写作，完成公文写作思维的进阶，掌握公文写作修炼的"五部曲""六个台阶"和"七种方法"等。

掌握各种类型公文写作技能：了解常见的公文写作类型，明确法定类、凭证类、规章类、计划类、讲话类、专用书信类的公文写作技法。同时，书中给出了大量的写作模板、写作金句等。

相信通过对本书内容的系统化学习，不论是公文写作新手还是"熟手"都会有所收获，在公文写作方面取得进步。

值得注意的是，公文写作虽然有技巧、有方法，但我们仍需要不断积累、练习，方能抓住重点。相信各位读者定能汇聚笔锋，成长为公文写作高手。

最后谨以清代诗人郑燮的一句诗与大家共勉："千磨万击还坚劲，任尔东西南北风。"望众多公文撰写者能够在公文写作领域千凿万击，百炼成钢，在撰写公文时能思接千载，视通万里，下笔如有神！

目 录

Contents

附录

第 1 章
写作高手不能一"概"而论：
公文基本概念与常识

理论是实践的精髓。在大多数人的观念里，公文即各类机关和企事业单位用来处理公务的文件，与日常生活关联并不大。事实上，这种认知并不全面。要想写好公文，首先就要摆脱这种认知偏差，对公文建立更深入、更全面的认识。

1.1 公文的概念和特征

公文一词初见于《三国志·魏志·赵俨传》："辄白曹公，公文下郡，绵绢悉以还民。"可见，在我国，公文的历史源远流长。如今，公文已是办公中最重要、最基础的工作文件。一篇好的公文，能够帮助单位或个人树立良好的形象，获得各方的认可。

1.1.1 公文的概念

公文是一种应用文体。应用文体在日常生活中主要发挥着传递信息、沟通公共关系、处理具体事务、交流思想、分享经验的作用，而公文最主要的任务就是传递信息、沟通公共关系和处理具体事务。

在日常生活中，人们接触频率最高的公文主要有公告和通告两种，人们经常会在《新闻联播》或者是在党政机关媒体上看到"国务院发布最新公告"这样的字眼，这是对政府公文最直接的传播。而通告则与人们的生活关系更为密切，例如"某地方政府发布雾霾橙色预警""某地道路出现塌方，请过路车辆采取紧急避险措施"等就属于通告的范围。

公文是党政机关、企事业单位等组织和机构使用的文字材料，是各类公务文书的简称。为了规范和管理公文的写作，政府部门出台了一系列相应的处理办法和写作规范。

2012 年 4 月 16 日，中共中央办公厅、国务院办公厅印发了《党政机关公文处理工作条例》（下文简称为"《条例》"），《条例》指出，党政机关公文是党政机关实施领导、履行职能、处理公务的具有特定效力和规范体式的文书，是传达贯彻党和国家的方针政策，公布法规和规章，指导、布置和商洽工作，请示和答复问题，报告、通报和交流情况等的重要工具。

《条例》明确了决议、决定、命令、公报、公告等 15 种法定公文种类，并且就公文的密级及保密期限、发文字号、标题等行文格式做了要求。

公文带有强烈的行政色彩，是贯彻落实政策方针、指导安排和商谈工作、互通信息的重要手段。

1.1.2　公文的主要特征

公文是政府管理国家的重要工具之一，与生活中的其他文字材料相比，其特征更为明显（见图 1-1）。

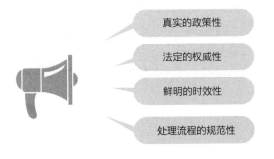

真实的政策性

法定的权威性

鲜明的时效性

处理流程的规范性

图 1-1　公文的特征

1. 真实的政策性

同新闻的真实性原则一样，公文的真实性也很重要。为求证新闻，会通过三种以上的方式来进行。而公文真实性的体现就是公文内容与事实、方针、政策三者的真实性与统一性。因此公文所涉及的所有材料和数据都不能存在逻辑上的错误，并且要绝对真实可靠，不能有半点虚假。

2. 法定的权威性

公文由明确的法定作者来进行撰写和发布，这类作者大多都是党政机关、企事业单位等组织机构的公文撰写者以及法定代表人，他们都具有一定的社会公权力和应尽的社会义务，并且为了表明公文具有法定效用，在发布公文时必须标明发文机关和作者署名，并加盖发文机关的印章或领导人签名。

由法定的组织机构发布的公文都具有权威性，这些组织机构发出的公文在它们各自的领域里具有指导权和指挥权。

3. 鲜明的时效性

公文作为推动日常工作的重要工具，都是具有时效性的，只有时效的长短之分而已。比如制度性的文件时效性可能会长一些，而通知、通报、请示等形式的公文，可能在事件结束后就失去了效用，其时效性较短。

4. 处理流程的规范性

作为管理社会的重要工具，公文有一套既定的处理方式，这既是公文权威性的体现，又提高了相关工作的效率。

2012 年颁布的《条例》对公文处理原则、公文文种、公文格式、行文规则等方面做了全面明确的规定，要求各个组织机构严格执行《条例》中的规定，以保障公文工作的正常开展。

以公文格式为例，公文的格式包含了标题、行文关系、明确的日期、纸张的选用等，每项规定都非常细致。

1.1.3 公文的六个基本作用

如果将社会的运转比喻成一台机器的话，那么公文就是其中的一个重要的齿轮，在人们看不见的地方推动着社会有序地前进。而这个齿轮之所以能够在这台机器上发挥作用，则离不开其自身的基本作用。

1. 领导和指导作用

公文主要体现的是党和政府的意志，国家的方针、政策都是通过一份份的公文来进行传递的。

上级单位通过下发公文，对下级单位进行管理。不论是宣传思想、发布政策、组织开展各类活动等强制性的文件，还是提出具体建议或意见等指导性的文件，下级单位都必须严格执行。一旦公文无法发挥领导和指导的作用，就会导致上级单位对下级单位的管理陷入混乱，因为管理上无法找到依据。

2. 规范和约束作用

我们常见的法律法规、行政命令，各类条例、办法、规定等都是以公文的形式发布的。这类公文在一定的范围内给人们提供了行为的准则，起到规范和约束的作用。只有维护其权威性，公文才能更好地维护社会的稳定和经济的发展。

3. 宣传教育作用

要想使文件的内容得以顺利地贯彻落实，除了公文内容本身要具备科学性外，还需要让人们都了解这些内容，这就需要进行公文内容的宣传教育。

不论哪个层级的组织机构，在发布重要的具有指导性的公文时，都要对当前的环境和形势进行分析，告诉文件的受众应该如何去做这件事情，以便统一认知，形成合力。

4. 依据和凭证作用

作为处理公务的专门文书，公文反映了制发部门的意图，具有法定效力，是收发文机关做出决策、开展工作的依据和凭证。

5. 沟通和联系作用

任何一个组织的公务活动都不可能独立完成，不论是一个组织的不同部门，还是组织与组织间的沟通联系都离不开公文。制发公文可以联系和商洽工作，传递和反馈信息，介绍和交流经验。公文架起了沟通和联系的桥梁。

6. 组织和协调作用

不仅是上级机关可以通过决定、通知等公文向下级机关下达命令、意见、决议，进而指导和指挥下级机关的工作，下级机关同样也可以通过请示、报告等方式向上级机关表达自己的想法。当下级机关在工作过程中遇到或发现问题时，可以向上级机关报告情况并征求解决意见，从而有利于工作的推进。

公文的协调作用更为重要，可以协调各个机关和组织之间的关系，让它们能够和谐、有序地推动社会发展。

1.2　公文的种类

《条例》中明确了决议、决定、命令、公报、公告、通告、意见、通知、通报、报告、请示、批复、议案、函、纪要共15种公文。这些文体的使用范围广泛，类型繁杂，具体来说，可以将其划分为以下五种类型，如图1-2所示。

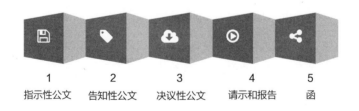

1	2	3	4	5
指示性公文	告知性公文	决议性公文	请示和报告	函

图1-2　公文的五种类型

1.2.1　指示性公文

指示性公文由上级机关制发，是对下级机关布置工作任务、阐明工作方法和工作原则的公文。指示性公文主要包括命令、意见、批复这三种类型。

其中，命令类的公文因为带有鲜明的行政色彩，所以它具有另外两种公文所没有的强制性和权威性。命令一旦发出，接受命令的一方必须要做到"令必行、禁必止"。

意见类的公文不像命令类公文那样具有硬性的规定，允许下级机关在服从指导性原则的前提下，根据自身的实际情况来开展工作。

批复类的公文是只有在上级机关答复下级机关的请示事项时才会使用的公文，是与请示存在呼应关系的公文。因此批复具有更强的针对性和时效性。

1.2.2　告知性公文

告知性公文是日常生活中最常见的公文文种，其中有通知、通报、通告、公告、公报和纪要这六种类型。

以上六种公文都具有典型的公布性和告知性，但是这些公文在适用范围、制发机关、发布方式、行文内容方面还有很多差异。

通知和通报都是上级机关下发到下级机关的文件，和通知只是把有关事项告知下级机关不同，通报的内容更重要，更有针对性，通报还会对先进的人物和事迹进行表扬。

而通告的使用频率比通知和通报高些，因为通告的内容更加广泛，大至国家政策，小至停水、停电都会涉及。通告是为了告知在一定范围内的受众应当遵守和了解的事项而使用的一种公文。

公告和公报都具有绝对的权威性。公告是国家机关或者国家机关指定的发言人向国内外宣布重要事项或法定事项时所使用的一种公文。而公报使用的范围更加广泛，国家、政府、政党、团体或其领导人所发表的关于重大事件的观点，或是会议内容、决议等正式文件，都属于公报。

公文当中的纪要主要是指会议纪要，这是典型的在一定范围内公开的公文类型，主要是对会议的情况、过程、结果进行摘要记述的文件，是会议主要内容的真实记载。

1.2.3 决议性公文

决议性公文是经过会议讨论通过的公文，决定、决议、议案都属于此类。

其中决定和决议都拥有绝对的权威性。决议具有立法作用，同时，不论是国家层面的还是组织层面的相关法规和规定都是通过会议生效的，而会议还具有群策群力的效果，因此，决议的成果更加科学。

而议案在决议性公文中算得上是一个"另类"，因为议案并不直接体现在最终的结果上。议案是指向国家议事机关提出议事原案，是具有提案权的组织和个人向本级国家机关提出的，其适用范围相对单一。

1.2.4 请示和报告

请示和报告在公文中都属于上行文，即下级机关写给上级机关的公文。其中报告用来向上级机关汇报工作、反映问题，而请示更多的是请求指示或批准的内容，因此两者虽然都是写给上级机关的，但还是存在以下四个方面的区别。

1）审批终点不同。虽然都有着上下级机关沟通、传递信息、保留凭证的作用，但是请示需要从下级机关到上级机关形成一个完整的闭环，上级机关必须对下级机关的请示做出批复，而报告不会硬性要求上级机关进行回复。

2）写作时间不同。请示必须在事前行文，而报告具有总结性质，一般都是在事情结束之后或者遇到问题时进行总结和分析。

3）内容事项不同。请示的写作要求是，一个请示只能写一件事情，而报告可以将很多的事情放在一起集中反映。

4）主送机关不同。请示的主送机关只能有一个，报告则可以有多个主送机关。

1.2.5　函

函是指不相隶属机关之间商洽工作、询问和答复问题、请求批准和答复审批事项时所使用的公文。作为公文文种中唯一的平行公文，函具有独特的性质。

1. 灵活性

函的灵活性，主要表现为其承载的公文可以自由地来往于不同级别、不同性质的组织机构中，不受隶属关系以及行业的制约。

2. 便利性

一般情况下，函处理的事情相对较小，在没有要求的情况下从事公文管理的人员可以直接签发，省去了不少较为复杂的环节。

3. 机动性

函具有的灵活性和便利性，使得函拥有其他公文文种所不具备的机动性。因此当需要越级上报或者跨行业行文的时候就可以采用函的形式来进行。

1.3　公文的写作语言和要求

公文在应用文中属于一个较大的类别，虽然其遣词造句的基本规律建立在一般语言的基本规律之上，但是公文的主要用途是处理公事，所以在遣词造句上还是有其独特之处。

1.3.1　什么是公文写作

公文写作是指根据公务活动的客观现实和需求，运用科学的逻辑思路和写作手法完成公文的撰写。

没有一篇公文不是为了解决工作中所遇到的实际问题，所以公文的写作具有很强的现实效用，对写作者的综合能力要求较高。公文的现实效用成为公文和其他常见文学作品最大的区别。部分文学作品虽然能够给我们带来思想上的启迪，影响我们的生活，但是没有一纸公文的影响力来得快，带来的波动大。

写作一篇合格的公文对于撰写人员的综合要求是很高的，因为公文写作本身就是一项综合性的脑力劳动，撰写人员往往需要具备大量的知识储备、工作经验以及熟练的写作技巧。

1.3.2　公文写作的语言特征

公文的语言是非常讲究的。一篇公文如果没有规范的语言作为载体，那么在上传下达的过程中可能无法达到预期的效果。以下是笔者根据多年的公文写作经验总结出的五个要点。

1. 真实准确

真实准确的用语是公文写作的底线，是一个公文撰写者必备的职业技能，也是公文写作中最重要的一点。

写进公文中的材料必须是能够真实展现实际工作中真实发生的事件，不能有任何的虚构和编造。因此在撰写公文的时候应该做到内容不真实的不写，材料没有落实的不写，没了解清楚的不写。

2. 严谨庄重

在处理公务的时候，应该保持公正的立场和严肃的态度，这一点在公文中也应该得到很好的体现。

怎样才能让公文的表达显得严谨和庄重呢？

少用口语，不用方言，多用陈述性的语言，少用描绘性的语言。在行文的过程中，要保持逻辑性，前后内容不能相互矛盾，全文要做到严谨周密。

3. 简单明了

公文的内容应简明扼要，让人能够直截了当地明白其中传达的意思，要做到言之有物，简而不空。

因此在写作公文前就要了解公文的核心思想和目的，整理出公文的重点，做到成竹在胸。

4. 平实易懂

公文中的语言只有平实易懂，才能有效地在各级机关中传播。如果在公文中使用华丽或者带有修饰性的语言，则需要格外注意使用场合和公文的内容。

5. 生动

公文写作一般都是朴实且严谨的，但是这和文字的生动性并不冲突。

在保证真实且具有权威性的前提下，公文语言的生动性主要表现在，向受众传达出一种富有创造力的精神，而不是单纯地通过辞藻的堆砌来彰显文采。

1.3.3 公文写作的要求

不同种类的公文，有着不同的要求和写作方法，但是在写作大量的公文后就会发现，不论哪个种类的公文都有着相同的基本要求。

1. 内容上不能违背真实性和保密原则

内容上，不能超出作者所在机关的职权范围，要能够充分展现出党和国家的方针政策和上级机关的管理思路，要用严谨的逻辑来撰写具体内容，不能违背真实性和保密原则。

2. 语言上不能有逻辑漏洞

语言上，不能出现逻辑漏洞，结构要合理、层次要分明、语句要平实、用词要准确。

3. 形式上要符合公文格式的规定

形式上，要符合国家对于公文格式的规定，不能出现格式上的错漏，不仅是格式要规范化，而且文件中的文字和标点符号等的使用也都要规范化，不能随意篡改。

总的来说，学习公文写作，不仅需要了解公文的各项基本知识，而且要具有一定的思想格局，对方针、政策要能够理解到位，能够对当前的社会环境做出合理的判断并且具有较强的逻辑思维能力，这些都是一个好的公文撰写者需要具备的能力。

炼成指南

　　逻辑思维能力对于公文写作而言十分重要，良好的逻辑思维能力能让我们的思路更清晰，行文更流畅，更准确地表达观点。

第 2 章

完美公文不拘一"格"：写作范式及管理流程

"没有规矩不成方圆"，公文写作有一套较为固定的写作范式和管理流程。正所谓"细节决定成败"，公文撰写者在初学公文写作时，只有严格遵守公文格式规范，形成良好的公文写作习惯，才能赢得认可，从而在公文写作之路上走得更远。

2.1　体式与文本操作

作为日常处理工作事务的重要工具，公文在体式和文本构成方面有着一套完整的体系。本节内容对公文的体式、文体、格式、排版以及印装要求五个方面进行介绍。

2.1.1　公文的体式

文体、构成要素、固定的格式是公文体式的组成部分，这也就决定了公文的体式是固定的。固定的体式保证了公文的完整性、正确性和有效性。

公文的质量直接影响到组织机构的工作效率，进而影响到具体政策和方针的传递效率以及公文的作用是否得到了有效的发挥。而决定公文质量的就是填充进公文体式里面的文字和内容。

如果将公文的整体写作比作一列火车，那么公文的体式就是列车的轨道，只有符合标准的列车才能在这个轨道上行驶。

就公文的文体而言，我们可以将文体理解为独立成篇的文本载体，也可以理解为在写作中构成语言的具体方法和特点。公文的文体大致可以分为三类，即一般性应用文、公文性应用文和事务性应用文三类。

总的来看，公文的文体始终摆脱不了应用文的范畴，所以除了应用文的共同特征外，公文在表达方式和语言特征上都有其独特性。公文的表达方式主要有记叙、说明、议论三种，很少使用描写和抒情的手法，这是由公文的特点决定的。

总之，公文的文体无法跳出公文体式的框架。

2.1.2　公文的格式、排版与印装

经常接触公文的人都知道公文的书面格式和印装有着一套十分讲究的规则，这是公文区别于其他文件的重要特征。

公文的格式一般分为文头、行文和文尾三个部分，每个部分又分为若干个小的项目，如表 2–1 所示。

表 2–1　公文的格式

文头（眉首）	行文（公文主体）	文尾（版记）
份数序号、密级和保密期限、紧急程度、发文机关标志、发文字号、签发人	标题、主送机关、正文、附件说明、发文机关署名、成文日期、印章、附注、附件	主题词、抄送机关、印发机关、印发日期

在 2012 年由国家质量监督检验检疫总局、国家标准化管理委员会发布的《党政机关公文格式》中，对公文的版面做了详细的规定：

公文用纸采用 GB/T 148 中规定的 A4 型纸，其成品幅面尺寸为：210mm×297mm。公文用纸天头（上白边）为 37mm±1mm，公文用纸订口（左白边）为 28mm±1mm，版心尺寸为 156mm×225mm。

一般情况下，公文的字体都采用 3 号仿宋字体，页码用 4 号半角宋体阿拉伯数字，页码置于版心下边缘下方，数字左右各有一条一字线，一字线上距版心下边缘 7mm。单页码居右空一字，双页码居左空一字。如出现其他情况可做特殊说明。

在公文排版定稿后，还要经过印刷和装订的过程。

公文的印装也有一套自己的规范。公文一律左侧装订，文字也是从左到右，采用双面印刷。装订上采用线装、钉装或者胶装，文件页码要堆放

整齐，不能出现错漏现象，文件必须保持完整。

总体来说，公文的体式和文本操作的规范已经被框定在一个既定的范围里面。如果你想成为一个真正的公文写作行家，对于公文的相关知识是需要烂熟于心的，并且还需要及时地掌握关于公文规范的最新规定，因为掌握最新的政策动态也是一个公文写作者必须具备的素质。

2.2　公文写作基本行文规范

和公文的格式一样，公文的写作也有一套属于自己的行为规范。

2.2.1　行文与公文的关系

行文与公文的关系，取决于发文机关与收文机关之间的关系。这种关系主要是由组织间的从属关系、职权范围和行业来决定的。

机关之间的关系是公文撰写者在草拟公文前就需要了解的，这便于选择合适的公文文种，还能更加合理地搭配语言文字。

在通常情况下，根据公文在机关间来往的情况，将行文的方向划分为上行文、下行文和平行文三种。

1. 上行文

这类行文是指下级机关向上级机关发送的公文，是自下而上的。这类行文通常采用请示、报告这类的公文文种。严格来说议案虽然也属于上行文的范畴，但是由于提案者的身份具有特殊性，因此这里不做详细介绍。

在一般情况下上行文不能进行越级上报，不同的系统间也不能出现交叉的行文关系，在受双重领导的机关中，向上级机关行文时，应主送一个上级机关，抄送另一个上级机关，不能同时存在两个主送机关。

2. 下行文

下行文与上行文正好相反，是上级机关向下级机关发送的公文，是自上而下的。这类公文通常采用决定、决议、命令、指示、通知、批复等文种。

和上行文一样，下行文一般情况下也不能存在越级的情况，但是部分公文会通过报纸、电视等媒介进行传播，这些公文应该被视为正式公文，例如在《新闻联播》里面看到的 "国务院发布最新公告……" 这类的消息就是如此。

下行文对公文的制发机关要求较多，上级机关不可以和下级机关联合向基层行文，并且上级机关的党组织不能向下级机关的党组织直接行文，更不能向下级机关的行政组织行文，只能通过党委来进行公文的转发。

而当下级机关受双重领导，而其中的一个上级机关向下级机关下发公文时，可以根据具体情况，抄送另一个上级机关。

3. 平行文

平行文是指同级机关或者不相隶属机关之间往来的文书。在公文文种的选择上以函为主，表述上以商量的口吻为主。

以上就是对公文三种行文方向的介绍，其实在公文中还存在一种 "泛向行文"，只是这种行文缺乏明确的受文机关，很少在正式的场合中使用，因此不做详细介绍。

2.2.2　行文的方式

当公文撰写者找准了公文的行文方向，那么接下来面对的问题就是如何选择公文行文的方式，在这里笔者对常见的四种行文方式进行简要介绍。

1. 逐级行文

在公文中最常见的逐级行文就是中央政府发布的总管全局的政策性文件，这类公文一般由中央政府发起，至省级政府，再由省级政府下发到各市级政府，逐级传递。

在逐级行文时，上行文与下行文在主送机关的数量或范围上是有区别的。通常情况下逐级上行文只有一个主送机关，而上级机关向下级机关行文时则会有一个或者多个对象。

2. 多级行文

多级行文是指发文机关同时向上或是向下的多个层级进行行文。

这种行文方式可以省去公文报送和转发中的时间，极大地提高公文的传递效率。

3. 越级行文

只有在非常特殊的情况下，才会出现越级行文的情况。越级行文又分为越级上行文和越级下行文两种。

使用越级上行文的特殊情况包括：非直接领导的上级机关对发文机关的直接要求、发生重大紧急情况、直接向上级机关多次请示并长期没有解决的事项、检举或揭发直接上级机关或领导者违纪或违法的有关事项等。

使用越级下行文的特殊情况包括：向非直接下级机关交办不宜扩散的事项、布置紧急任务、查询事项、回复非直接下级机关越级上报的公文等情况。

4. 直接行文

直接行文又叫无固定指向行文，是指不受系统与级别的层次制约而直接向对方机关行文的方式。这类公文一般涉及的面较为宽泛，通常用函、通知、公告等文种发文。

以上四种行文方式中，前三种通常会在上行文和下行文中看到，第四种则多用于平行文。因此作为公文的撰写者，不仅应该明确行文关系、掌握行文方向，还应根据工作需要正确选用行文方式。

2.2.3　行文应遵守的规则

行文是公文制发过程中的重要一环，是机关与机关、部门与部门之间公文往来形成的文件收发关系，在既定的工作流程中，行文有一套独特的规则。这些规则能提高公文传递的效率，提升公文的质量和价值，其中主要的规则有以下几个方面。

1. 行文规则

这条规则主要明确两点，即按机关的隶属关系行文和按机关的职责范围行文。任何机关、组织和单位都必须以这两点为基本规则进行行文。在这一规则上还延伸出一条授权行文的规则，即一个机关或者部门需要其他机关或部门的支持与配合，却与其没有隶属关系并且不在其职权范围内，可以通过授权行文来解决这个问题。

2. 联合行文的规则

联合行文的规则也是建立在机关隶属关系和机关职责范围内的，通常情况下是同等级别和职权范围重叠的机关进行联合行文。

3. 不越权规则

任何机关都不能越权行文，如果涉及其他机关职责范围的事项又没有经过协商沟通或未达成一致意见的，不可越权行文，以免带来不必要的麻烦，使公文的内容产生冲突。

4. 处理规则

通常机关都有专门的部门和个人处理公文，有一套自上而下都在沿用的规范程序，只有遵守这些规定才能保证公文在机关内有序推进。

总的来说，公文的各项规范都是建立在公文的行文规则上的，即不得逾越机关间的隶属关系和职权范围这两条底线。

2.3 公文管理的流程

公文管理的流程是一个完整的闭环，本节我们对公文管理的流程进行简要介绍。

2.3.1 公文写作的办理程序

不论哪种类型的公文，从拟稿到归档都有一套既定的程序，主要包括文件拟定程序、发文程序和收文程序。

1. 文件拟定程序

文件的拟定程序往往是所有程序中耗时最多的一道，公文撰稿成文就是经过这道程序完成的。这一程序主要由公文起草、审核、签发三个步骤完成。

公文起草是公文写作的起点，在这个环节里公文撰写者开始撰写公文的初稿，在撰写初稿的时候，要确保稿件所反映的内容是材料、发文组织意图和实际工作的整体表现。在语言和材料的把控上都是对撰稿人业务能力的考验。因为初稿是公文文稿形成的起点，这个环节形成的稿件还需要经过审核。

对初稿的审核，是公文办理过程中最为严格的一个环节，体现了公文工作的周密性，是不可或缺的一步。审稿人不能放过初稿中的任何错误，因为公文具有权威性，不允许出现任何差错。

公文在审核定稿后就可以签发了，只有经过签发的公文才能生效。通常情况下，只要经过公文职权范围内主要领导或授权人最终审核通过后即可签发生效，而有些公文需要经过会议讨论通过方可生效。

2. 发文程序

文件拟定程序完成以后，就要进入发文程序。发文程序主要是在组织内部进行，有很强的确定性。

虽然大量的组织都在使用电子公文，但是为了存档或手动盖章，还是会进行公文文本的印制。而公文文本的印制又需要经过发文复核、发文登记、公文缮印、公文用印四个环节。

首先在公文印制前需要进行专门的复核，除了审核公文内容，还需要对审批手续、文种、格式结构等方面进行检查。在发文复核后需要进行发文登记，登记的内容包括公文字号、公文文种、标题和发文范围。接着是公文缮印，也就是印刷，这是公文文本印制的核心环节，将公文以纸质文件的形式呈现在受众面前。在公文缮印完成后也应该进行校审。最后一步就是公文用印，即在印制完成的公文上加盖发文机关的公章，并请有关领导签字。这样公文才具有法定效用。

待完成印制阶段的任务后，就可以进入公文传递的阶段了，这是公文进行传播并发挥作用的阶段，意味着公文要开始完成它的使命。

在公文完成传递后，为了便于对公文的管理，公文管理人员还应该对公文进行暂存、销毁、立卷和归档等。只有完成了这些程序，才算是完成了全部的发文程序。

3. 收文程序

收文程序是公文到达接收部门后的运转过程，主要可以分为四个阶段。

（1）公文的接收阶段

这个阶段首先是公文的签收，就是接收组织的公文处理人员表明已经接收到文件。然后由公文处理人员统一启封或报送至有关领导亲启，并进行收文的登记。

（2）公文的审阅和承办阶段

审阅公文交代的事项或内容，一定要在双方的责权范围以内才可以承办，并且此类事项应该由承办方直接答复发文方。涉及其他部门职权范围的，应该与其进行协商办理，需要请示上级机关的也应该及时进行请示。

（3）公文内容的下达、办理与答复阶段

这一阶段主要是将公文内上级机关交代的任务或指示精神传达给办理具体事项的人员，督促其完成任务并及时将办理结果反馈给发文单位。

（4）办理完毕阶段

这一阶段主要是对收到的公文进行整理和归档，是对公文的管理并维护相应机关的信息安全。

2.3.2 公文立卷

很多人在刚刚接触公文立卷的时候，认为公文立卷只不过是对公文进行整理和保存。但是对机关来说，公文立卷是机关公文处理工作的重要内容。

1. 立卷的具体含义

在了解立卷的含义之前，需要知道什么是"卷"。

"卷" 指的是案卷，就是一组具有一定联系的文件材料的组合体。文件与文件之间的联系主要是围绕同一个问题或是同类工作形成的，从档案管理的角度来说这些成组的文件是保管的基本单位。

而公文的立卷就是在公文办理完毕后，把有参考价值和利用价值的文件，按照一定的联系归类成组，这就是公文的立卷。

2．立卷的组织工作

公文立卷的组织工作主要包括以下五个方面。

（1）建立健全制度

制度建设应该摆在首位，立卷工作也如此。这是一切工作开始的基础。

（2）选择立卷地点

通俗地说就是找一个地方存放文件，例如档案馆或者档案室。

（3）明确立卷人员

明确立卷人员就是指派专人承担文件的收发、运转、催办等工作。

（4）规划立卷分工

规划立卷分工是指组织内部的文件分类工作，例如将文件细分为人事文件和制度文件等，这样可以提高文件的管理效率。

（5）明确立卷范围

具有参考和利用价值的文件、材料等都应在立卷范围之内。

3．立卷的要求与方法

公文立卷工作需要在三个方面达到要求，即公文本身必须保持稳定的历史联系、公文必须具备保存的价值、公文必须便于保管和使用。

公文立卷的具体操作方法则不能违背以上三点要求，以文种、时间、地区、作者、收文者、问题等公文特征为标准，可以根据这些特征来进行文件的组合立卷。

4. 立卷的准备工作

准备工作是开展任何工作前都必不可少的环节，而公文立卷的准备工作主要有两方面。

首先是立卷类目的编制，这个过程就像对图书或者档案的分类，是立卷工作的基础。只有合理地编制好类目，在后续的公文管理中，公文管理者才能高效有序地工作。

其次需要在平时的立卷工作中做好积累。这更像是一种工作方法，因为这需要公文管理者随时将办理完毕的文件进行案卷的整理，并按照相应的类别进行归类。

2.3.3 公文的整理与归档

公文的整理与归档，需要工作人员特别细致谨慎，以免出现重大错误。

1. 组卷整理的过程

作为公文整理和归档的重要环节以及后续归档工作的前提和基础，公文的组卷过程由编目并组合成卷、排列并固定编号、拟写案卷标题、调整并组合案卷四个环节组成。

其中编目并组合成卷是基础性的工作，只有将当前手中的材料整理成一个组卷，才能在这个基础上进行编号、拟写标题并做后续的调整。因为其中还包含了大量组卷的基础性工作，所以这也是最为细致的一个环节。

接下来是进行排列并固定编号，需要把有联系的公文进行系统化排列，厘清条理并进行编号，这种编号一般都是根据同类型文件的制发时间进行排序的，因此其中的顺序比较固定。

需要注意的是，拟写案卷标题是对文件的统一和概括，应该注意使用的语言具有高度概括性，并保持组卷的结构完整。

调整并组合案卷是一项全面的工作，需要工作人员在立卷的基础上对组卷内的各项内容进行调整，所以这项工作需要拥有丰富的管理组卷经验的人来完成。

2. 移交归档的过程

这是公文管理闭环的最后一个步骤，移交归档具体是指将已编制好的组卷，按照归档制度移交给相应的档案管理部门集中保管。

公文归档的意义，就是保证机关档案的完整，便于查找和积累丰富的档案财富。

在明确移交归档的意义后，需要了解公文归档的制度，即归档范围、归档时间和归档的具体要求。根据归档制度要求完成公文立卷归档，就意味着整个公文处理工作已经完成，是公文工作者完成工作的重要凭证。

炼成指南

公文不仅在语言表达上要求体现准确性、生动性、鲜明性，在名称、数字、时间的表述以及各种符号的使用上，都有其特定的规范要求。

第 3 章
公文高手的修炼之道：写作步骤及要领

公文写作高手的修炼之道，应该从掌握写作步骤和写作要领出发，然后经过千凿万击，最终百炼成钢，做到"下笔如有神"。这也就意味着，熟练掌握公文写作步骤和写作要领是公文写作者必须修炼的基本功。

3.1　公文写作的步骤

通常情况下，根据公文写作的基本规律，可以将公文写作分为五个步骤。公文撰写者只有遵循公文的写作步骤，才有可能写出高质量的公文。

3.1.1　理清思路

这里说的思路，是指整体的思路，即明确撰写这篇公文是做什么的，需要在什么场合使用。换言之，就是明确公文的主旨。

举个例子。领导让你现在写一篇汇报材料，那你首先需要搞清楚上级机关需要哪个方面的汇报材料，是财务方面的还是项目进度方面的，主题要根据上级机关的需求来确定。其次要考虑这份材料是给谁看的，是自己所在机关的领导还是上级机关的领导。如果是上级机关的领导，公文一定要有高度和深度，因为撰写的公文内容代表了自身所在机关的格局和水平。如果是自己所在机关的领导，则需要根据具体情况来调整公文内容的侧重点。总之，公文的最终受众需要什么，公文撰写者就需要以此为主题撰写公文。

根据上面这个例子，可以将理清思路的方法具体分成四个环节，如图 3 - 1 所示。

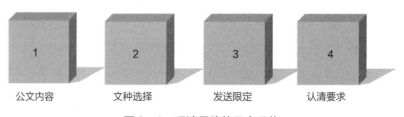

图 3 - 1　理清思路的四个环节

1. 公文内容

在写作前，公文撰写者应该问自己两个问题：一是这篇公文要表达的中心思想是什么，二是应该怎样组织语言才能更好地表达公文的中心思想。

依旧以上文的汇报材料为例。如果上文中的汇报材料是以项目进度为主题的，那么这篇公文的核心内容就是明确地表达出项目的进度，就要明确这个项目到底是超出预期、和预期一致还是落后于预期，其中的原因是什么，面临什么问题，有什么解决办法，需要得到哪些帮助等。将这些核心内容具体表达出来，是写好公文内容、表达思想的基础。

2. 文种选择

公文的内容决定了应该选择什么样的文种，尤其是在选择一些具有共性的文种时，更要注意。

在笔者刚刚接触公文写作的时候，经常看到这样的案例：领导让刚大学毕业的新员工打个"报告"，结果他真的以报告的形式呈送给了领导，结果当然是被领导打回来了。理由是文种不对，这也使得这位新员工一头雾水，嘴里还嘀咕："说的是打报告啊"。

其实从领导字面上的意思理解，这位新员工是没有错，但是从事情的本质和内容来说应该是以请示这一文种呈送给领导。由此可知，文种与公文内容之间有着非常紧密的联系，选择的文种应该与内容相符合。

3. 发送限定

公文的内容决定公文的保密层级不同保密层级的公文有不同的发送范围和阅读对象限定，即使是负责公文管理的人也不能浏览所有的公文。

由此可见，在明确公文主旨的过程中，撰写者应该明确公文的具体受众，根据公文的保密层级，明确具体的发送范围和阅读对象。大多数的公文都是仅限公文制发机关内阅读，对保密工作有一定的要求。

4. 认清要求

在写作公文前，公文撰写者应该对发文要求有一个明确的认识，尤其是在需要对方回复的时候，更应该在发文时明确要求对方如何进行回复和处理，只有这样才能保证公文内容快速有效实施。

3.1.2 收集材料

收集与积累公文写作材料，是写好公文的基础，也是公文撰写者在拟稿前必须要做的准备工作。如果没有做好相应的材料准备工作，不仅会导致公文写作效率低，还会让受众读起来索然无味。

写作材料就像是士兵步枪里面的子弹，材料的质量和数量决定了公文能否提出解决问题的方法和推动工作前进的措施。如果缺少可靠的材料，就会导致公文要表达的观点缺少支撑。

公文材料的收集，离不开平时对相关方针和政策的学习和积累。收集材料不仅是公文写作的起点，更是一个学习的过程。在具体的工作中常常会有即使撰写者的文笔很好，也很难抓住公文的实质和核心的情况，这便是没有收集材料导致的。因此公文撰写者需要有一套合理有效的材料收集方法。

日常积累材料是最有效的方法之一。要做好日常积累，应该立足岗位、放眼行业、掌握规律。

立足岗位需要公文撰写者对自己工作的单位和部门的工作情况、决策的形式和工作进度等都能够做到心中有数。这对公文的撰写者而言需要事事留心，并且对收集到的材料要有一个全局性的认识。

放眼行业需要公文撰写者从工作本身出发，因为任何一个机关都有自己对应的行业，每个行业都有自身的特点。如果公文中缺乏与行业相关的材料且说的都是外行话，将会使公文的权威性大打折扣，所以应该时刻掌握自己所在行业的最新政策动态。

掌握规律。在收集材料的时候，并不是完全没有章法，眉毛胡子一把抓不仅会影响材料的质量，还会导致工作效率低下。因此在收集材料的时候应该剔除那些无用的信息，专注于高质量的信息，比如最新的信息和具有权威性的材料。在材料的整体性方面，应该保证材料的前后没有矛盾，必须符合公文的主旨大意。除此之外，好的材料还要具有前瞻性，对具体工作的实施具有良好的参考价值，能够推动工作完成。

其实收集公文材料的过程也是一个学习的过程。比如，刚大学毕业的新员工抓不住公文写作的重点，而在公文写作岗位上伏案多年的老员工能够在接到任务后快速下笔成文，这便是材料积累带来的差距。正所谓"不积跬步无以至千里，不积小流无以成江海"，公文写作材料的积累也是一样的道理。

3.1.3　拟定提纲、初稿

在经过材料的收集和调查研究后，接下来就需要把从材料中整理出来的要点、重点以提纲的形式呈现出来，这样既能够清晰地梳理出公文的重点，避免遗漏，又能够提高公文撰写者在后续写作中的效率。

公文的提纲就相当于一本书的目录，但是提纲最主要的作用还是围绕材料的内容搭建写作的框架。

拟定提纲的过程是写作构思的过程。例如，在处理一份几万字的公文时，往往不是一个人来完成的，在拟定这类提纲时往往需要群策群力。在这种情况下定下的公文主基调，是结合了群体的意见逐步完善的，拟定出来的提纲也更加全面。

对于体量较大的材料往往需要多人分工完成，而提纲的拟定可以避免每个人写出来的内容前后重复、逻辑混乱、互相矛盾。

确定了提纲，公文的骨架也就搭好了，接下来就需要往里面填充血肉，也就是把收集的材料按照提纲撰写成文。这个时候需要注意两个方面：首先是公文的观点要明确地表达出来，并且要有材料支撑，有理有据，不然公文会缺乏说服力。但是公文也不能只是单纯地罗列材料，这样会让受众不理解发文的主要目的。其次是语言要简练，问题要交代清楚，不能拖泥带水。

关于起草公文的内容在这里就只简单地介绍这两点，进阶方法将在后面的内容中详细讲解。

3.1.4　修改和完善

很多公文撰写者都听过这句话"好公文是改出来的。"当一篇公文的初稿写出来后，通常都需要反复地修改才能最终定稿，由此可见修改和完善工作在公文拟定过程中有着极高的地位，而公文的修改和完善通常包含以下五个方面。

1. 更明确的主题思想

公文的主题思想是其核心，因此在修改和完善的过程中首先应该注意公文的主题思想是否存在问题，文字表述与主题思想是否存在误差，主题思想的挖潜是否深刻。只有主题思想理顺了，才能保证公文的修改有据可依。

2. 更合理的结构

关于结构的修改，主要应该考虑结构是否主次分明、详略是否得当、起承转合是否流畅。这样不仅能够使公文更加通顺、严谨，而且还能让受众更加快速地理解公文的内容。

3. 更准确的观点

在修改观点时，主要考虑的是观点和公文主题是否存在冲突，表达是否全面、清晰、合理，因为清晰准确的观点能够提高受众的认同感。

4. 更合理的材料

材料是公文写作的基础，在写作的过程中不能胡乱堆砌更不能凭空捏造，所有的材料都必须要服务于公文的主题思想。所以在修改材料的过程中一定要认真思考，合理运用，对于没有得到证实的材料必须删除。

5. 更恰当的语言

对语言的修改，主要是检查语句是否通畅、是否符合规范，标点符号是否存在错漏。整体的语言表述要达到准确、鲜明、精炼、生动的要求。

3.2 公文的构成要素

构成公文的要素众多，主要包括版头、标题、正文、主送机关、附件说明、公文落款、附注、附件和公文版记等。公文撰写者必须详细了解这些要素，这是写好公文的基础之一。

3.2.1 公文版头的构成要素

公文的版头（见图 3-2）就像文章的标题一样，可以让受众快速地了解公文的主题，所以在制作版头的过程中一定要严格按照规定落实。公文的版头具体包含以下几个方面。

00001

机密

特急

湖北××集团有限责任公司文件

签发人：×××

鄂××发 [2019] 2号

图3-2　公文版头

（资料来源：《青海省国家行政机关公文处理实施细则》）

1. 份数序号

公文的份数序号简称份号，是指在公文总印刷份数中某份公文的顺序编号。份数序号位于版心左上角第一行，顶格书写。一般由6位阿拉伯数字组成，如"000001"，表示此份文件是该公文总印数中的第一份。份数序号采用数字3号字体。

2. 保密设置

秘密公文应视秘密程度在公文首页右上角标明"秘密""机密"或者"绝密"。秘密等级两字之间空一字，有保密期限时则不空，即"机—密"和"机密×月"，其中"—"表示空一个字符。保密等级和保密期限均用3号黑体字。

3. 紧急程度

紧急公文应视紧急程度在公文首页右上角标明"急件"或者"特急"；

紧急电报应当分别标明"平急""加急"或者"特急"。同时是秘密公文的，上标紧急程度，下标秘密等级，上下对齐。函的密级和紧急程度标在横线左下角，标题之上。"特急""加急"两字之间空一个字符，采用 3 号黑体字。

4. 发文机关标志

文件名称由发文机关全称或规范化简称加上"文件"二字组成（函只署发文机关名称），置于首页的上端，用庄重、醒目的字体套红印刷。如果有两个以上机关联合行文，主办机关排列在前，也可只用主办机关的名称。

5. 发文字号

发文字号由发文机关代字、年份、序号组成，位于文件名称之下、横线之上正中位置。联合行文只标主办机关发文字号。上报的公文，发文字号放在横线之上左端位置，同一行右端标明签发人姓名。发文字号使用 3 号仿宋体标注。

3.2.2 公文主体的构成要素

公文主体的七要素就像是人的五脏六腑，缺一不可。

1. 标题

公文标题编排在分隔线下，空两行的位置，一般用 2 号小标宋字体居中排布。如果标题内容过长，可分多行居中排布。换行时，要做到词义完整、排列对称、长短适宜和间距恰当。总体来看，多行排列的标题呈梯形或菱形。

公文标题的内容，则一般由发文机关＋事由＋文种组成，其中事由一般用"关于……的……"结构。具体形式有以下几种。

1）发文机关＋事由＋文种：这是最常见的公文标题形式，如：中共蒙城县委关于印发《关于改进工作作风、加强党风廉政建设的规定》的通知。

2）事由＋文种：这种形式省略了发文机关，如：关于做好教育实践活动查摆问题的通知。

3）发文机关＋文种：这种形式省略了事由，即主要内容，如国务院通知。

4）文种：这种形式只保留了公文种类，常用于公开发布的公告、通告等公文。

除此之外，关于公文标题的撰写，还需要注意以下三点。

1）公文标题除法规、规章名称加书名号外，一般不加标点符号。

2）标题中包含多个发文机关名称时，各名称之间用空格分开，不加顿号。

3）多行标题排列不适合采用上下长度一样的长方形，或上下长、中间短的沙漏形，一般采用梯形或菱形排列。

2. 正文

公文首页必须显示正文。正文一般用3号仿宋字体，编排于主送机关名称的下一行，每个自然段开头要缩进两个汉字的距离，回行时顶格编排，但是数字、年份不能回行。

正文如果包含多个段落层次的序数，则段落层次的序数第一层为"一、"，黑体字体；第二层为"（一）"，楷体字体；第三层为"1."，仿宋字体；第四层为"（1）"，仿宋字体。

3. 主送机关

主送机关即负责处理、执行公文的机关，它可以表明公文的空间效力范围，即明确对公文负法定办理责任或答复责任的对象。主送机关应编排于公文标题之下，空一行的位置，居左顶格，用 3 号仿宋字体，应使用全称、规范化简称或同类型机关的统称，最后一个机关名称后面加上全角冒号。

关于主送机关的编排，需要注意以下三点。

1）如果主送机关名称较长导致需要回行编排时，回行需要顶格编排。

2）上行文，如报告、请示等公文只有一个主送机关。

3）公开发布的公文一般不写主送机关，如公告、决议、公报、通告等。

4. 附件说明

附件与公文正文具有同等的效力，是附属于主件的文字材料，对正文起到补充说明的作用。附件主要包括随文转发、报送的文件，随文下发的制度、规定及报表、名单等。如果公文包含附件，则需要编排附件说明和附件的内容。

（1）附件说明

附件说明是为了说明此文件包含附件，并显示出附件的名称，其编排格式为：使用与正文相同的 3 号仿宋字体，在正文末尾空一行，并在左侧缩进两个汉字的位置编排"附件"二字，后面用全角冒号标注，并写出附件的具体名称，名称后面不加标点符号。

如果公文包含多个附件，则需要使用阿拉伯数字标注出附件的顺序号和附件的具体名称，名称后面同样不加标点符号。如果附件的名称较长需要回行编排时，应该与上一行附件名称的首字对齐。

（2）附件

附件应当在下一页面编排，与版记编排在同一页，并与公文正文一起装订。"附件"二字及附件顺序号用3号黑体字顶格编排在版心左上角第一行。附件标题一般用2号小标宋字体居中编排，上下各空一行，也就是说，附件标题编排在第三行，附件正文编排在第五行。另外，附件顺序号和附件标题必须与附件说明中的表述完全一致。

5. 公文落款

发文机关署名、成文日期、印章这三大要素是公文写作中变化较大的内容。其中，发文机关署名即在此公文上签上发出机关的名称；成文日期指公文发出或生效的时间；印章则是指发文机关的印章，是公文最后生效的标志。由于有的公文需要加盖印章，有的公文不用加盖印章，有的公文还要加盖签发人签名章，因此下面根据这几种不同的情形综合介绍发文机关署名、成文日期与印章的具体编排格式。

（1）加盖印章的公文

单一机关行文时，成文日期一般在右侧空出四个汉字的位置，成文日期应使用阿拉伯数字将年、月、日标全，如"2012年7月1日"。

年份应标全称，月日不编虚位，即1不编为01；在成文日期之上，以成文日期为准居中编排发文机关署名，署名应该是发文机关全称或者规范化简称；印章用红色，禁止出现空白印章，印章需要端正，居中下压发文机关署名和成文日期，使发文机关署名和成文日期处在印章中心偏下的位置，印章顶端则需要控制在与正文（或附件说明）末尾一行之内的距离。

成文日期以发文机关的领导人签发日期为准，联合行文以最后签发机关领导人的签发日期为准。须经会议讨论通过的重要公文，如决议，则以会议通过的日期为准，电报以发出日期为准。另外，决定、决议、公报、通告、纪要等公文的成文日期可编排在标题下方，用括号标注。

如果是联合行文，则应将各发文机关署名按照发文机关的顺序整齐排列在相应位置，并将印章一一对应、端正、居中下压发文机关署名。最后一个印章端正、居中下压发文机关署名和成文日期，印章之间排列整齐、互不相交或相切，每排印章的两端不得超出版心，首排印章顶端同样需要控制在与正文末尾（或附件说明）一行之内的距离。

公文中有发文机关署名的，就应当加盖发文机关印章。联合上报的公文，由主办机关加盖印章；联合下发的公文，联合发文的机关都应加盖印章。

（2）不加盖印章的公文

单一机关行文时，在正文（或附件说明）末尾空一行，且右侧空出两个汉字的距离编排发文机关署名，然后在发文机关署名下一行编排成文日期，首字比发文机关署名首字右移两个汉字的距离。如果成文日期长于发文机关署名，则可以将成文日期在右侧空出两个汉字的距离编排，并相应增加发文机关署名右侧空出的字数。

如果是联合行文，则应当先编排主办机关的署名，其余发文机关的署名依次向下编排。

（3）加盖签发人签名章的公文

单一机关制发的公文加盖签发人签名章时，在正文（或附件说明）末尾空两行，且右侧空出四个汉字的距离加盖签发人签名章，并应在距签名章左侧两个汉字的距离标注签发人职务。签发人职务应当标注全称，以签名章为准上下居中排布。在签发人签名章下空一行，且右侧空出四个汉字的距离编排成文日期。

6. 附注

附注的作用主要是说明公文的发送、阅读和传达范围。请示、报告、函等类别的公文必须标注附注，其他文种视情况而定，下行文也可用附注。例如，请示类公文应当在附注处注明联系人和联系电话；信息公开类公文应当在附注处注明公开属性；发文机关应在附注处应注明公文的传达范围等。

公文如果包含附注，则用3号仿宋字体，位于成文日期下一行，左侧缩进两个汉字的距离编排，并用圆括号括起来。

公文标准格式如图3-3所示（版头略去）。

7. 附件

附件与公文正文具有同等的效力，是附属于主体的文字材料，对正文起补充说明的作用。附件主要包括随文转发、报送的文件，随文下发的制度、规定及报表、名单等。如果公文包含附件，则需要编排附件说明和附件的内容。

附件应当在下一页面编排，与版记编排在同一页，并与公文正文一起装订。"附件"二字及附件顺序号用3号黑体字顶格编排在版心左上角第一行。附件标题一般用2号小标宋体字居中编排，上下各一行。另外，附件顺序号和附件标题必须与附件说明中的表述完全一致。

标题（2 号小标宋体）

主送机关：（3 号仿宋，标题下一行顶格）

　　×××××（正文3号仿宋体，首行缩进2字符）

一、×××（3 号黑体字体）

　　×××××（正文3号仿宋，首行缩进2字符）

（一）×××（3 号楷体字体）

　　×××××（正文3号仿宋，首行缩进2字符）

1. ×××（3 号仿宋字体）

　　×××××（正文3号仿宋，首行缩进2字符）

（1）×××（3 号仿宋字体）

　　×××××（正文3号仿宋，首行缩进2字符）

附件（正文下一行2号宋体，首行缩进2字符）：

　　1. ×××（3 号仿宋）

　　2. ×××

　　　　　　　　××机关（3 号仿宋居右）

　　　　　　　×年×月×日（3 号仿宋居右）

抄送：××××，×××××，××××，×××。(4 号仿宋)

×××××机关（居左空一字）　×年×月×日印发（居右空一字）

图3-3 公文标准格式

3.2.3 制作公文版记、页码与表格

公文版记、页码与表格虽然没有版头和公文主体那么醒目，但是也是构成公文的重要元素。

公文的版记、页码和表格都是公文处理中的细节，具体处理方式如下。

（1）抄送机关

抄送机关是相对主送机关而言的，是指除了主送机关之外，还有其他需要知晓或执行该公文内容的机关，并不是所有公文都有抄送机关。

抄送机关在公文中位于印发机关与印发日期的上一行，版心左右各空一字。通常采用4号仿宋字体；"抄送"二字后加全角冒号和抄送机关名称，回行与冒号后的第一个字对齐；最后一个抄送机关名称后加句号。

（2）印发标识

印发机关与印发日期通常排列在一起，位于末条分隔线之下，是对公文的印发做出的说明。印发机关居左空一字，印发日期居右空一字，都采用4号仿宋字体，用阿拉伯数字书写日期，年、月、日要标齐。

（3）编制页码

《〈党政机关公文格式〉国家标准应用指南》这样规定："页码'用4号半角白体阿拉伯数码标识，置于版心下边缘之下一行，数码左右各放一条4号一字线，一字线距离版心下边缘7mm。单页码居右空1字，双页码居左空1字。空白页和空白页以后的页不标识页码。'"

在遵循规定的基础上，编制页码时还需要注意以下几点：

1）空白页和空白页以后的页不标识页码

规定空白页和空白页以后的页不标识页码，主要是为了防止有人利用空白页私加文字。换言之，页码只标识到公文主体部分结束的那一页。

2）版记页是否标识页码视具体情况而定

按照"空白页和空白页以后的页不标识页码"的规定，印有版记的那一页是否标识页码要看有没有公文主体。有主体则标识页码，无主体则不标识页码。

3）双面印刷，双面均标识页码

页码用 4 号半角白体阿拉伯数码标识，置于版心下边缘之下一行，数字左右各放一条 4 号一字线，一字线距离版心下边缘 7mm。单页码居右空 1 字，双页码居左空 1 字。

（4）表格的放置及页码标识

公文如需附表，对横排 A4 纸型表格，应将页码放在横表的左侧，单页码置于表的左下角，双页码置于表的左上角，单页码表头在订口一边，双页码表头在切口一边。

"公文如需附 A3 纸型表格，且当最后一页为 A3 纸型表格时，封三、封四（可放分送，不放页码）应为空白，将 A3 纸型表格贴在封三前，不应贴在文件最后一页（封四）上。"

为了保证连续编排的表格可以依次顺序往下看，必须做到：单页码横表表头放在订口一边；双页码横表表头放在切口一边。如果把单双页表头全部放在订口一边，或全部放在切口一边，阅读时就要颠来倒去，给公文的使用带来不便。

公文如需附 A3 纸型表格，而且 A3 纸型表格又在公文的最后一页，为避免表格脱落，应将表格放在封三之前的位置，封三、封四（不放页码）就为空白页。不能将表格贴在封四上。

3.3 公文写作的注意事项与审核

公文是代表机关或组织进行撰文，所以公文的行文具有限制性。公文撰写者需要了解公文写作的注意事项与审核标准，以保证在进行公文写作时，远离一些陷阱。

3.3.1 公文写作的要求与注意事项

公文写作的要求与注意事项是一个老生常谈的话题，我们来看看有哪些是需要特别注意的（见图3-4）。

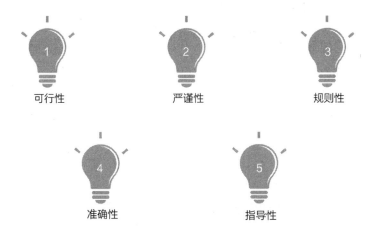

图3-4 公文写作的注意事项

1. 可行性：符合政策

符合国家的大政方针和法律法规是开展工作的指导和准绳，更是草拟公文的重要参照。各机关制发公文的目的虽然不尽相同，但是在根本上都是为了贯彻落实国家的方针政策。

要想使公文符合相应的政策，就需要公文撰写者足够了解相关政策的精神实质和最新动态，这要求公文撰写者要熟悉党和国家的方针政策和相关法律，要具有一定的政策水平和较强的法律意识。

2. 严谨性：严格遵循上级机关的指示

各级机关起草公文，都必须符合上级机关的相关指示精神，公文的内容不能和上级机关的指示精神发生矛盾。通常情况下，上级机关的决策和思路更能体现相关政策和方针的指导精神，体现良好的大局观，加之上级机关也比较了解基层和业务的情况，因此其指示精神具有很强的指导性。

在起草公文的时候，不仅需要了解中央的指示精神和相关政策，领会上级机关的具体指示，还要将上级机关的指示内容和自己所在机关或部门的具体情况结合起来，体现在具体的工作中。

3. 规则性：明确关系

这里的规则性不单单是指明确公文的行文关系，而是在行文规则的框架内，不同部门和机关从不同的角度对同一问题进行行文。它们之间是互补的关系，不应该是矛盾的。

不同的机关和部门可以根据自己的职责进行行文，在起草公文的过程中及时规避矛盾，让公文间的往来能够保持政策的连贯性和稳定性。

4. 准确性：全面准确地反映客观事实

全面准确地反映客观事实，是坚持实事求是精神的具体体现。作为公文的撰写人员，应该坚持实事求是的精神，不能以偏概全、夸大其词、存在臆想和编造。

5. 指导性：明确地体现发文机关意图

体现发文机关的意图就是公文之所以被称为公文的重要原因之一。是否明确地体现发文机关的意图，是一篇公文合格与否的标准公文撰写者必须了解自身所在机关的具体情况，这样才能从全局的角度去认识和分析问题，才能准确地捕捉到机关所做各项决策的真实意图。

3.3.2　公文写作的审核

公文制发的过程是一个严谨的过程，要反复检查是否存在问题。本节内容我们来学习在公文审核的过程中需要检查哪些内容，又要怎样根据修改建议来进行修改。

1. 内容区域要"三查"

在公文内容的检查上，主要包含三个方面。

（1）查主旨

主要检查公文的主旨是否明确、完整以及核心思想是否突出。需要改正错误观点，补齐欠缺的内容，修改公文的逻辑，让核心思想更加突出。

（2）查文件

查文件主要是对照上级机关的政策、规定、措施，查看公文的内容是否和上级机关的相关要求存在冲突、是否能够实施。这里需要修改不符合上级机关要求的内容和不求实效的语言。

（3）查材料

查材料就需要对材料的真实性、典型性和是否具体三个方面进行考量。对于那些概念化、一般化和不符合实际情况的材料要删去。

2. 语言文字审校

关于语言文字的审校要从三个方面进行。

首先是看公文的段落是否明确、紧凑、合理。对上下脱节、主次不当等情况要进行修改。

其次是看行文是否流畅。需要修改用词不当、叙述重复、逻辑混乱之处。

最后是看文字是否规范，是否有错别字、标点错误，称谓是否正确。

3. 体式问题及早纠正

公文的体式问题主要出现在文种、标题、抄送单位、附件上，这类问题只要发现就必须立即修正。

公文具有很强的时效性，尤其是对写作时间有具体要求的公文，一旦超过规定时间就会贻误工作，造成损失，所以公文的审校一定要及时、迅速并且精准无误。

炼成指南

成文后还需要进行校对，做到文字精准、版式规范。出稿时一定要检查版本是否正确，避免出现"事故"。

第 4 章
成为行家里手的进阶修炼

　　刘勰曾这样评价写文章："随事立体，贵乎精要；意少一字则义阙，句长一言则辞妨。"公文写作同样如此。公文写作既要精准扼要，也需兼具灵活生动，本章将为大家讲解公文写作进阶的相关技巧。

4.1 写好公文从提纲开始

要想公文层次分明，条理清晰，就离不开一个高质量的提纲。很多人不重视提纲，想到什么就写什么，这样在公文写作的过程中会导致很多问题。而当我们拥有一个清晰明了的提纲后，公文写作就有了一个良好的开端。

4.1.1 怎样编写提纲

提纲的编写和写公文一样，都需要一个整理和思考的过程，在这个过程中我们会对主题、选材、结构和一些细节进行归纳和设计，并且用文字记录下来。如果说公文的主题是冲锋在前的士兵，那么公文的提纲则更像是指挥这些士兵的军官。

编写提纲能够留下我们思考的痕迹，便于在后续的写作中快速地回忆起自己之前的构思，有利于具化自身的思考成果，帮助大脑厘清思路，提高写作效率。这里我们从以下几个方面来全面认识公文写作提纲。

1. 什么是提纲

提纲一般包括公文的标题、主要思想、层次的划分、观点的罗列、关键内容以及一些过渡的手段等。

大体上来说，写公文只需要沿着提纲的脉络进行填充即可。一般情况下，提纲可以按照我们的思维方式和思维习惯来进行编写，因为提纲上的内容本身就是公文的雏形，只需要根据我们的思路进行扩展成文即可。

2. 公文提纲的类型

公文提纲的类型主要有两种，即条文式提纲和思路提纲。

条文式提纲是按照公文的逻辑顺序，将公文的层次以目录的方式记录下来，可以详细地列出每一个观点，并层层归类甚至可以直接写出公文的起承转合和开头结尾；也可以只写出标题和主旨。

思路提纲更具系统性、逻辑性和直观性，通常使用图表来展示公文的思路和框架。公文的整体和细节、各个层次间的逻辑关系、内容的排列、材料的组合都可以在图表上清晰地看到。我们在写作体量较大的稿件时，常常用到这种形式的提纲。

3. 编写提纲需要注意什么

当我们需要编写提纲时，首先应该从公文的整体出发，由大到小，从公文的主旨一步一步地延伸到各类细节。其次是提纲的语言一定要具有高度的概括性，做到简单、凝练。最后提纲一定要尽可能详细，能够为内容的起草打下良好的基础。

4.1.2　编写提纲的方法

公文写作的每一个环节都有其特定的写作方法和技巧，公文提纲的编写也同样如此。

1. 拟写标题

标题的拟写不仅和提纲密切相关，而且和公文的内容密切相关，好的标题可以起到画龙点睛的作用。

我们在拟写标题前应该先了解公文的主旨，因为标题是为公文的主旨服务的，标题不能偏离公文主旨的既定轨道。

在语言的运用上，通常要求标题简单明了并具有高度的概括性，要能够充分表明公文的意图，使人一目了然。

公文标题的形式主要有两种，一种规范性较强，有固定的标题模式，如报告、通知、请示等。另一种在规范性上没有那么严格，并且也没有既定的模板可以套用，这类标题往往有主副之分，主标题会采用新闻或者论文式的标题，而副标题才使用公文式的标题。

2. 拟写一个简单的开头

确定标题后，就可以开始拟写一个开头了。我们可以将公文的开头和提纲放在一起，因为在思考提纲的同时也会构思公文的开头。

一般情况下，这个开头不需要很复杂，要注意用语精炼。

3. 写明层次要点

关于层次要点的写作方法主要有四种，第一种是标题写法，结尾没有标点符号，字数最多只有十几个，简明扼要。第二种是以句子的形式写下来。第三种是段前法，用每一段第一句话作为分观点。第四种是直接划分段落，每一个观点前标有数字，如观点一、观点二、观点三等。

在这个过程中，我们不仅要划分公文的层次，还需要写明每个层次的要点，这样有助于我们在具体写作的时候提高效率。

4. 拟写一个简单的结尾

有头有尾才算得上是一篇完整的公文。我们可以将公文结尾分为总结式结尾、强调式结尾、请求式结尾、号召式结尾四种。当然，在具体的撰写过程中，可能会发现有的公文不需要结尾。因此，选择何种结尾或者是否需要结尾，都应该视具体情况而定。

4.2　公文写作的思维进阶

公文写作首重逻辑。想要公文写得好，就需要撰写人员有较强的逻辑思维能力。

4.2.1　超越自我，实现思维的突破

公文写作中的思维方式主要有两种：一是聚合性思维，二是发散性思维。

聚合性思维，就是在充分掌握素材的基础上，对素材分点、分类，由小论点推出大论点，再由大论点推出主题。

这种看似按部就班的办法，在公文写作的过程中更加稳妥。在写公文时，如果思路闭塞，不妨用一用这种办法，往往在归纳的时候，灵感就来了。

发散思维是来自创造学的术语，指思考主体根据已有的知识和经验，对一个问题沿着不同的方向和角度，通过推测、假设和构想，寻找答案的思维方式。

从思维层面来讲，发散性思维更为复杂，是我们写作中需要掌握的重点。归纳起来，发散思维主要具有三个特点：

一是灵活性。我们在运用发散性思维思考时，会不断地变换思维方向和思维角度。当我们沿着一定的思路探求问题受到阻碍或者完成思维目标后，又会变换到新的角度、新的层次、新的思维方向，以寻找另外的解决问题的方法。

二是求异性。它要求我们在思考同一问题的运动中与众不同，不能遵

循和固守一种思路，求得同一种答案，而必须不断变换思维方向，沿着不同的方向思考以获取更多的答案。很多人认为，求异性是发散性思维活动的本质特征。

三是扩散性。我们在使用发散性思维思考时，思维会自然而然地朝着更多的方向分散开去，以寻找更多的新思路。

在写作过程中，我们需要从发散性思维的三个特点入手，站在更高的层面和境界，全面、客观、超前地思考问题，从而使得我们的公文具备完整性、科学性和先进性。具体来说，可以从以下这三个方面着手。

1. 超越自我

从一定程度上来说，公文写作是一个不断深入理解并突破自身思维框架的过程。只有不断突破和超越自己，才能走出舒适圈，提高自己的写作水平。

超越自我，要求我们在撰写公文时，要勤于思考，不只是为了完成任务而写，而是要站在一定的高度，不断尝试迈向崭新的思维境界。当思考得足够多、足够深刻时，也就超越了以前的自己。

在这个过程中，我们需要具备客观而全面地认识问题、分析问题、解决问题的能力。比如，我们看待问题的高度、深度和准确程度等。

另外，还需要防止认识的片面性和主观随意性。在思考问题时，不能带有主观色彩，事实真相是不以个人的意志为转移的。

2. 超越过去

如果有超越自我的意识，并辅以不断的努力，我们就可以超越过去。

要想超越过去，首先，我们要树立一个目标，并坚信这个目标能够实现。其次，我们要以批判的眼光审视过去写过的公文，从过去的思维中跳出来，发现自己的不足，以此破旧立新。最后，我们还要具备创新思维和发散思维，敢于并善于突破过去。

也就是说，在思考的过程中，要有一定的预见性，比如你要写一份精神文明建设方面的材料，而过一段时间，你工作的城市就要开展精神文明建设活动，如果你在动笔前了解到这一消息，在写公文时就要把这方面的相关内容浓墨重彩地写进去，这样就能收到良好的效果。

3. 超越预期

这里的预期是指交代公文材料起草任务的领导对承担任务者的期待。这种期待是客观存在的，可很多时候恰恰不被起草者重视。

因此，如果我们能够在起草公文材料时达到既在领导期待之中又超出领导的意料的层次，那么就在很大程度上意味着我们已经具备了较为高超的公文写作能力。

要达到这种境界，我们要结合实践观察分析相关问题，进而不断增强正确判断形势发展的能力，提高自身的思维水平。只有这样，我们才能在起草各种公文时做到成竹在胸、心中有数。

4.2.2　化繁就简，使问题简明化

将复杂问题简明化，说得更直白一点，就是"把困难的问题变成容易解决的问题"。虽然公文的不同文体的要求不同，但是公文都是以反映实际、解决问题为主旨的，因此公文所呈现出来的内容应该是简洁明了、便于他人快速理解的。

将复杂问题简明化，说起来简单，做起来却并不容易。因为在公文写作之前，有一套冗长而繁杂的前期工作，会形成一系列复杂的资料。我们对这些资料的整理，就是将复杂问题简明化的过程。

有的人在写作时，会盲目追求字数，认为字数越多越好。实际上，

在公文写作中，并没有字数要求，只要将事情说清楚即可。为了凑字数而写的"废话"，不仅不能为公文增光添彩，还有可能让公文看起来复杂、凌乱。要想满足将复杂问题简明化这一要求，可以从以下三个方面着手。

1. 抓住本质

在公文写作实践中，有些公文撰写者往往会为了看似宏大的东西，忘了事物的本质。抓住事物的本质，就是要认清复杂问题中最基本、最核心的原理。这些基本原理就如同人饿了要吃饭、渴了要喝水一样，是公文要传达的最直白、最朴素的意思。

2. 明示主旨

公文写作应该始终围绕主旨展开，以达到撰文目的。能够证明写作目的的，就要着重去写，与撰文目的无关的，就不必浪费笔墨。

3. 排除干扰

有些公文撰写者在撰写公文时，特别是面对很多复杂问题时，常常把握不住重点、无法突出核心，根本原因在于没有排除那些缠绕在材料之上的干扰信息，以致受阻于认知瓶颈，从而无法深刻有效地把握事物真相。

要破解这个难题，首先要识别出哪些是与所写问题完全不相关的无效信息，进而分辨出哪些是与材料所涉问题伴生却可有可无的边缘情况，然后挑出哪些是材料所讲问题的关键内容，并以其作为撰写公文的基础。

4.3　公文进阶修炼攻略

在撰写公文时，需要撰写人员掌控全局。一篇公文写出来既要精确，也需生动。本节就来为大家讲解一些公文写作的进阶技巧。

4.3.1　成为高手的公文写作五部曲

本节的五部曲所展示的是公文写作的"道"，也就是公文撰写者需要具备的各项素质。

我们先来了解经验丰富的高手们都具备哪些素质（见图 4 - 1）。

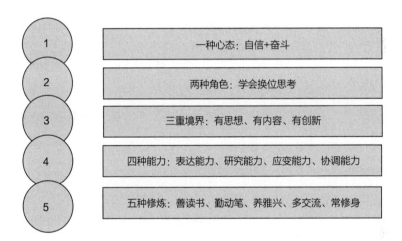

图 4 - 1　公文写作高手必备的五种素质

一种心态：自信 + 奋斗

一个经验丰富的写作高手对自己写出来的内容肯定是有自信的，这种自信源于他们对文字的热爱和经验的沉淀。一些大学毕业刚进机关从事公文工作的年轻人，往往缺乏这种自信，他们大多文笔不差，知识面甚至比前辈和领导还要广。可他们缺乏阅历的沉淀，写出来的东西自己无法判断好坏，经常会对自己的公文产生怀疑。

而这种自信和学习是相伴相生的。从职业的角度来说，公文写作是一项技能，是通过个人的学习获得的，既锻炼驾驭文字的能力，也锻炼思考能力。要想对自己的公文充满信心，就需要不断地学习。

两种角色：学会换位思考

作为公文撰写者，换位思考是我们必须要掌握的思考方式。一个经验老到的写作高手能够实时掌握自己所在机关在行业的最新情况，并且善于揣摩工作方法。

除此之外，要想达到高手的水平，还需要不断地积累经验和提高悟性。

三重境界：有思想、有内容、有创新

对于写作高手而言，已经可以轻车熟路地表达出公文的思想和内容了，而摆在他们面前的最后一座大山就是创新。经过长期工作经验的积累和知识的沉淀，他们已经形成了一套自己的工作方法，而想要在他们在此基础上进行创新，是有一定难度的。

要想取得突破，不论是经验丰富的高手还是刚刚开始学习公文写作的新人，都需要从这三重境界中开始。

1. 有思想

习近平总书记在中央党校 2012 年秋季学期开学典礼上的讲话中要求领导干部应该具备"辩证思维、战略思维、全局思维、创新思维"。我们完全可以将这四种思维作为我们在公文写作中必备的素质，以此来提高我们的思想境界。

2. 有内容

通常在机关内会将公文的撰写称为"写材料"，说到底还是在一个"写"字上，而要想让自己写出来的内容充实，就需要我们善于积累、勤于练习、精于总结。

关于积累和练习在前文中有详细的讲解，关键在于平时的练习与总

结，在此向大家介绍一种在工作中进行总结的方法。

首先，总结自己是否能够很好地抓住公文的中心思想。要不停地反问自己，公文的中心思想是否正确、自己的提炼是否到位、是不是还可以做得更好。

其次，总结公文的语言技巧。语言是否通顺、表达是否符合逻辑、有没有文字冗长、词不达意的情况。文字表达是我们的基础工作，只有把基础工作做好了，后续的工作才有保障。

再次，突出写作的特点和风格。每个人的文字都有自己的风格和特点，我们需要结合文种的特点，将自身风格的优势发挥到最大。

最后，要多听取他人的意见。所谓"三人行必有我师"，要善于整理和归纳别人的意见，也许这些意见恰好能补上你思维的漏洞，给你带来提升。

正所谓"吾日三省吾身"，总结做好了，我们的公文将会写得更好。

3. 有创新

创新思维的本质是将创新意识的感性愿望提升到理性的探索上，实现创新活动由感性认识到理性思考的飞跃。

无论何种形式的写作，创新意识都极为重要。这不仅是一种观念，也是一种能力。要想在公文中体现这种能力，就需要我们具有创新的动力、善于打破常规的总结能力和"一针见血"的提问能力。

四种能力：表达能力、研究能力、应变能力、协调能力

这四种能力是我们处理公文工作的基本能力也是核心能力，更是公文撰写人员立足岗位的工作技能。

1. 表达能力

作为文字工作者，这里的表达能力指的是文字表达能力。

2. 研究能力

作为公文的撰写人员，应该把不断提升调查研究能力作为一个重要目标和关键步骤。

随着获取信息的渠道越来越多，很多一线的公文撰写人员的研究能力不断下降。探究材料的真相，提高研究能力依然是公文撰写人员需要重视的。

3. 应变能力

这里所说的应变能力是指公文撰写人员需要根据不同的文种来调整语言风格，让公文文稿能够适用于不同的场合。

4. 协调能力

对于大型综述性材料的写作，往往需要多个部门进行协调才能完成。此时，公文撰写人员就不能单打独斗了，而是要与同事进行更多的交流和沟通，进而在协作中完成工作任务。

五种修炼：善读书、勤动笔、养雅兴、多交流、常修身

不论是公文撰写人员还是公文管理人员，在工作中都要经历这样一个过程，从个人的学习积累到公文的成文发送，都很好地体现了这一修炼过程。

1. 善读书

"读书破万卷，下笔如有神"，读书对于文字工作者来说是很重要的，养成良好的读书习惯，把阅读融入生活的过程就是一个提高的过程。书看多了，写公文的时候也就顺利多了。

2. 勤动笔

"三天不练手生"，在公文写作的道路上也是如此，我们要通过大量的练习来保持自己的写作状态和语感，这样才能使自己的写作保持在较高的水平。

3. 养雅兴

培养一个合适的爱好，能够帮助我们保持对生活的热爱和对工作的激情，还能够拓宽我们的视野、丰富我们的思路。

4. 多交流

加强交流学习不仅对自己的工作有所帮助，还能够让我们认识到"天外有天，人外有人"。我们除了加强内部的业务交流，还应该重视加强和机关管理层、行业权威以及外部的交流，从而不断提升自己的公文写作水平。

5. 常修身

"修身"是"齐家、治国、平天下"的基础，也是我们立身立命的基础，要做事，先做人。我们自身的品质会通过我们的文字展现出来，因此我们要行得正，坐得端。

4.3.2　进阶修炼的六个台阶

在生活中，我们经常会将向上的途径比喻成台阶，公文写作的学习过程也是如此，需要我们沿着台阶一级一级地往上攀登，在这个过程中有六个台阶是帮助我们修炼成行家里手的关键。

台阶一：提高站位

作为一名公文撰写人员，不论在任何组织里都只是构成这个组织的一颗螺丝钉。然而公文撰写人员不能仅仅只是抱着螺丝钉的心态，还需要站在全局的高度来思考公文的内容，只有这样写出来的公文才能具有说服力，才能代表自己所在的组织和机构。

台阶二：开阔视野

一个人的视野是否广阔，代表着一个人的眼光是否独到、胸怀是否宽大、是否具有胆识。写公文也是如此，只有具有广阔的视野，在写作公文时才会写、能写、敢写，写出来的公文才更具有权威性和影响力。

台阶三：提升文笔

公文写作与用词华丽、寓意深刻的文学作品创作不同。在《党政机关公文处理工作条例》中，对公文撰写有这样的要求："内容简洁，主题突出，观点鲜明，结构严谨，表述准确，文字精练"。

通过这项表述可知，公文写作对修饰性的语言要求并不高，它的难点就在于行文的逻辑性强、层次合理以及观点明确。要想突破这些难点，有针对性地进行训练、提升文笔很重要。

台阶四：扩大容量

这里说的扩大容量指的是我们要加强写作材料的积累。至于如何收集材料，已经在第 3 章中详细介绍过了，在这里就不再赘述。

台阶五：提高内容质量

这里说的提高内容质量指的就是公文要具有实用性，不能有空话、套话、废话，公文要"短小精悍"而不能"大而无当"。

想要公文"短小精悍"，就需要对公文的内容进行高度概括，要善于在纷繁复杂的材料中抓住重点，并且用凝练的语言表达出来。

台阶六：保持激情

高强度的文字工作是很能消磨人的激情的，但我们需要在工作中保持激情，这样写出来的公文才能散发出强大的能量。

4.3.3　公文写作快速入门的七种方法

公文的写作方法也在公文传递的过程中，不断演变出新的内容。其中有七种方法，可以帮助刚刚接触公文写作的新手快速入门。

1. 由浅入深

大多数人在开始学一项新的技能时，都是由易到难、由浅入深的，公文写作也如此。

首先，当一个职场新人刚刚开始接触公文写作的时候，可以从通知、请示等内容简单、结构单一的文种开始写起，然后逐渐地接触其他较为复杂的文体。切忌刚开始接触公文时便急于求成地想要写大型的材料。

其次，可以从规范性较强、格式化程度较高的文体开始进行写作，例如办法、规定和条例等。因为这些类型的文体比较容易模仿，可以快速地举一反三。

掌握了前两个阶段的内容后，说明我们已经在公文写作的经验和材料搜集上有了一定的积累。之后，可以开始慢慢地接触系统性较强的大型材料了，这类大型材料通常都是由几个部门合作完成的。

此时就可以以自身的专业知识为支撑，从自己熟悉的领域开始尝试进行更为复杂的公文写作，为了提高工作效率和学习效率，避免陷入既要学习公文写作又要学习全新的专业知识的"两头作战"。

2. 从模仿到原创

一般说来刚开始接触公文的撰写者，都是从参照之前的公文或者套用他人的公文写作手法和技巧，换言之就是从模仿别人的作品开始的。

其实这种情况在我们学习的过程中很常见，就像小学生刚开始学习写字的时候，老师会给发字帖让学生临摹，让学生在模仿中领会一撇一捺的奥妙。模仿得多了，掌握了字帖上每一个笔画的特点，就可以丢开字帖自己写字了，其实公文写作的过程也是一样的。当初学者完全掌握了公文的写作技巧后，会在反复的实践中形成一套属于自己的写作风格。

3. 由生疏到熟能生巧

公文写作是一个不断学习、熟能生巧的过程。

笔者现在每天的书写速度在正常情况下是 1 万 ~ 1.5 万字。这是一个还不错的速度，但是在笔者刚开始在报社写新闻时，每天写的内容不超过1000 字。

从笔者的经历来看，经过大量的练习，不仅可以提升书写的速度，还能提高文字的质量。在积累知识和经验的过程中，加深了对写作的理解，也提高了写作水平。

但是仅仅是通过量的积累并不能达到想要的结果，我们需要根据不同的文体，开展有针对性的练习。在一个时间段对某一种文体展开集中式的练习，取得一定突破后再换成其他文体开始练习。

在练习的过程中，我们还需要思考公文的主旨、结构、材料和语言，需要反复揣摩每一句话要怎么写，而不是写完了就放到一边，不予理会。

4. 在修改中不断进步

反复修改是一篇公文在最终定稿前一个重要的步骤，在学习公文写作的过程中，修改也是必不可少的步骤。

在第 3 章我们已经介绍过在修改公文时应该注意的要点，这里给大家介绍三种容易掌握的修改方法。

第一种方法是将公文的框架和内容回想一遍，思考其是否存在漏洞。

第二种方法是笔者常用的一种方法，把写的内容读出来，能够通顺地读完就说明公文没有什么大问题，这也是很多职场前辈推荐的一种方法。

第三种方法需要我们在写完公文后，暂时将这篇公文放到一边，去翻阅一些其他的材料或者做其他的事情转移自己的注意力，之后再审稿和修改，这样能让自己以一个全新的视角来审视自己撰写的公文。

5. 由内到外

在学习公文写作的过程中也会遇到瓶颈，这个时候需要一些新的思路来打破瓶颈，通常情况下经过他人点拨或者向他人学习会使我们以最快的速度突破自己的瓶颈。

当遇到自己无法解决的问题时，我们需要主动向前辈或业务骨干请教，或者和同事一起讨论。有的时候，往往对方的几句话就能给我们带来深刻的启发，所以我们在写作的过程中也要保证有效的沟通。

公文写完了以后，我们也可以找前辈或者部门的业务骨干帮忙修改，请他们多提些意见。因为这些人经验丰富，往往一个小小的改动，就会让公文的水平提升一个档次。听取他们的意见，会有意想不到的收获，这种收获甚至会影响我们的整个职业生涯，让我们受益终生。

除了听取前辈和业务骨干的意见外，也可以从书本或是相关的刊物以及公众号中学习知识，这类内容往往更加具体，也更有可能带来新的启示。

6. 由人到己

"博采众长"是提高公文撰写水平的一个重要方法，也是一个由人到己的过程，是一个取人之长、补己之短的过程。

首先，需要比较公文原稿件和领导修改过后的稿件，主要看领导做了哪些修改，为什么要这样修改，有什么用意，这些体悟都是在工作中能够直接派上用场的。

其次，将自己写的公文和相对成熟的同类型公文进行比较，看看自己的不足之处在哪里，需要学习他人的长处。在学习时，不要"一口吃个大胖子"，而是要在自己能够接受的范围内寻找学习目标。

再次，我们可以将多人写作的相同类型的稿件进行对比，仔细总结每份稿件的写作特点，寻找那些自己可以学习的内容，这可以说是真正的"博采众长"。

最后，还可以将自己所在单位的稿件和上级单位的稿件进行比较，学习上级单位的稿件，这对开阔视野很有帮助。

7. 由繁入简

虽然对不同文体的要求不同，但是公文的内容都是以反映实际情况、解决实际问题为主旨的，因此公文所呈现出来的内容应该是简洁明了、便于受众快速理解的。

然而在开始下笔草拟公文前需要做一系列冗长且繁杂的前期工作，需要收集和整理大量的资料、拟写提纲、从多个方面了解公文的定位，而最终呈现出来的一纸公文就是将这些东西化繁为简的过程。如何做到化繁为简，还需要从以下三个方面着手。

首先，要选择最合适的材料，前文中说过在公文写作中不能单纯地堆砌材料，而是要选择最新的、最具有说服力的材料，尽量发挥材料的作用，内容自然也就精简了。

其次，要精简公文的层次。系统性的公文会有多个层次，其中有些层次并不是必要的。例如有的人在写公文时，会为了建立逻辑联系而将一个小节划分为多个层次，这样的公文会加大受众的理解难度。想要精简公文的层次，就要从精简提纲开始。

最后，要避免语言的重复使用，化繁为简就是用最少的语言表达出作者的主要思想。

4.4　少走弯路，公文写作需要"指南针"

在大学毕业后，笔者进入报社工作，报社的前辈总是在教育年轻人少走弯路，不论是做人还是写公文都是如此。

4.4.1　避免踏入雷区

"复盘"是工作中的重要环节，能够帮助我们认清雷区，对于这些雷区我们要时时提防，避免踏入。对于公文写作的雷区，笔者结合自己多年的写作经验总结如下。

1. 抓不住重点

在公文写作的过程中，我们已反复强调过中心思想的重要性。在公文写作的过程中抓不住重点是最大的禁忌，也是威力最大的"地雷"。

为了避开这颗"地雷"，撰写者在动笔前应思考公文的用途、使用场合、需要突出的重点、预计会起到的作用等，如果撰写者没有对这些方面进行深入思考，那么写出来的公文难逃被推倒重来的命运。

2. 词汇贫乏

在公文中，这个问题主要表现为句子或词汇重复，同样的观点和类似的话也会翻来覆去地出现，这是我们在撰写公文时需要规避的雷区之一。

3. 写出来的公文华而不实

写作公文虽然不需要华丽的辞藻，但也要讲究语言的美感，这种美感建立在表达清晰、论证充分的基础上。如果过于重视文字的渲染，刻意追求句式的工整和语句的华丽却没有实质性的内容，这样的公文看似吸引人的眼球，却容易导致内容空洞，华而不实。

4. 框架没搭好，基础不牢固

搭建框架是一项基础性的工作，不仅可以锻炼我们的思维能力和大局观，而且还可以提高工作效率。但是有的人在写作前头脑里面没有形成一个系统的思路，凭借直觉写作，或者结构混乱，搭建的框架不成体系，对写作完全没有帮助。

搭建框架就是在打基础，合理的结构、清晰的层次是一份好公文的基础。

4.4.2 做到这几点，就没有难写的公文

很多刚刚参加工作的年轻人会因为自己撰写的公文被领导和前辈们反复修改而产生挫败感，甚至产生写一篇好的公文非常难的错觉，其实只要做到以下几点，公文写作也就没有那么难了。

1. 心理准备

很多从事公文写作多年的人都有这样的感受，那就是在十年如一日的工作历程中，陪伴自己的只有无尽的文字。要想在长年累月的写作中保持激情和活力，公文撰写者需要内心强大。

很多人由于缺乏良好的心态，在公文写作的岗位上无法坚持，这些不良心态主要有以下几种。

首先是轻视的心态，这种心态普遍地存在于年轻人中，他们认为公文写作只是件小事，有的人甚至认为不写公文也没什么问题，把事务性的工作处理好就行。

其实，这些错误的想法归根结底是由于对公文的重要性认识不足造

成的。

其次是畏难的心态，这种心态在一些老笔杆身上也有。一个公文老手可能在自己的领域范围内，公文写得很出色，但是当遇到临时抽调或是写其他领域材料的时候，会产生畏难的情绪。尤其是当他们写出的公文被批评甚至是被推倒重来的时候，积极性受到打击，就更加不愿意写了。遇到这种情况的时候，就需要公文撰写者拥有强大的内心和敢于挑战困难的决心，不断打磨技艺，提高水平。

在写公文时，不能太心急，尤其是刚刚接触公文写作的时候，很容易陷入一个误区，就是不分公文的类型，什么都想写，导致什么都写不好。这种时候就需要拿出十足的耐心，给自己定一个目标，并细化成很多个小目标，然后各个击破。

最后是自满的心态。有的人可能经过长时间的写作之后觉得自己已经摸到了天花板，开始自我感觉良好，于是不再学习、不再进步了。其实公文写作水平的提升和科学研究是一样的，是没有止境的，需要长时间的艰苦磨炼。在这个过程中要不断地向更高水平看齐，不断地提升自己的综合素质。只有这样才能够收获公文写作带来的成功和快乐。

以上是在公文写作过程中可能会产生的不良心态，那么该怎样克服这些消极的心态呢？

（1）坚韧不拔的意志

这种品质是面对困难时必须具备的。坚韧不拔的意志可以使公文撰写者在工作时具有高度的自觉性和主观能动性。当工作极具挑战性的时候，这种品质能帮助公文撰写者保持清醒的头脑和理性的思维，能有效推动工作的开展。

（2）善于反省和总结

善于反省和总结是促进自我成长和技能水平提升的重要能力，不论是总结成功的经验还是吸取失败的教训。在公文写作中还要反思自己的错漏，只有这样才能在反复的写作中积累经验和智慧，不断进步。

（3）善于学习

时刻保持着想要学习的心态，是推动公文写作水平不断提升的良好素养。尤其是在这个知识爆炸的时代，不断地吸收新的知识不仅是对公文撰写者能力的要求，更是一种时代的要求。

2. 他山之石，可以攻玉

公文写作不仅需要掌握大量的第一手素材，而且需要广泛阅读，以搜集更多的参考资料。同时需要善于梳理和总结他人的经验，正所谓"他山之石，可以攻玉"。

首先，可以从同类的公文中搜寻需要的部分。其次，可以借鉴其他公文的写作手法和布局等技巧。最后，要将借鉴的内容融会贯通，形成自己的作品。融会贯通的过程就是在写作中阐明观点、揭露事物本质的过程。需要通过调查研究、综合分析、思维创新和辩证看待问题等过程，创造出一个全新的作品。

3. 写好每份公文

工匠们喜欢不断雕琢自己的产品，并享受这个过程，其实公文写作也是一样的，也需要以工匠精神多次打磨，只有这样才能写好每一份公文。

公文写作的工匠精神需要怎样体现呢？不妨从以下几个方面着手。

（1）精益求精

精雕细刻、精益求精是工匠精神的核心。从文字工作的角度来说，要想写出好的公文，同样需要对于细节的把握。哪怕是对标点符号的使用也不能出现错误，这些都是从细节上体现出文字工作的严谨性。

想要做到细节完美，还需要注意素材的收集和整理，不断更新知识储备。从书籍、文件和其他渠道获取知识，也是积累材料不可或缺的途径。有了充足的积累后，还要通过借鉴、筛选、整理、分析，才能打磨出好作品。

（2）持之以恒

想要成长为一个经验老到的公文撰写者，肯定会经过一个写作能力由低到高的过程，这个过程不是一蹴而就的，而是需要时间、阅历和不断实践来完成的，期间还需要不断地进行思考和总结才能像一个优秀的工匠一样，将最好的作品呈现出来。

（3）敬业精神

做好任何一项工作都需要敬业精神，公文写作也是如此。

公文写作是个苦差事，要想把苦差事做好，就要培养兴趣，只有对公文写作本身有着浓厚的兴趣，才能够保证公文的质量。只有公文的质量得到了保障，才能获得认可，从而形成一个工作上的良性循环。同时还需要认识到公文的重要性，不能单纯地为了工作而写作，应该了解公文的作用和意义，这才是公文本身赋予撰写者的使命感。

4. 输入与输出

写作是一个输出观点的过程。想要写出好的公文，就要先做好输入的内化的功课。在成为公文写作高手的道路上，需要进行长期的、大量的并且高质量的阅读，带着目标去学习知识，用思辨的眼光来论证学到的内容。而将自己吸收的知识和内容转化成自己的语言需要一个过程。

思考能力是写作能力中极为重要的一个部分，思考的过程和结果反映了公文撰写者的知识水平、判断力和逻辑能力，是综合能力的体现。在这个过程中，公文撰写者需要探究事物的本质，将其和自己储备的知识联系起来，将自己准备的内容体现在公文中，这个过程叫作输出。输出是输入和思考的结果，在工作中的表现就是最后呈现出来的公文。

5. 锦上添花的金句写作

金句能够被人看一眼就记住，使整篇文章更加灵活和生动。就像是人们每每谈及《滕王阁序》时，脑海中总是会浮现出"落霞与孤鹜齐飞，秋水共长天一色"一样。

公文写作的金句有四个特点：一是体现思想性，是思想的高度凝练；二是字数相等、音律协和，有节奏感，读起来有气势；三是观点型句子，有较强的启发感；四是逻辑严密。

要想写出公文金句，平时的积累是基础，思想的提炼是关键，两者缺一不可。平时的积累是一个慢功夫。在这里分享三种方法用来帮助我们写出好的金句。

（1）善于借鉴

如果一开始不知道如何写出公文金句，那么借鉴和模仿他人的金句，无疑是最好的方式之一。

这里给出一些公文金句供大家参考，在本书附录中，有对公文金句的更多列举。

1）始终保持"赶考"的清醒状态，时刻保持"在路上"的自省自励，是新时代奋进者应有的精神气质。

2）勇挑重担、敢啃硬骨头，不动于八面来风、不畏惧熊熊烈火，做新时代的劲草和真金。

3）注重登高望远，才能把握整体局势。高度左右眼界，眼界影响格局。站位高，眼界就宽，就能以大视野、大格局审视矛盾问题，统揽全局不狭隘，透过现象看本质。

4）"生于忧患，死于安乐"。越在安逸时，越要有忧患意识。

5）各项工作的落实尤其是最末端的落实，来不得半点虚假，容不得半点应付，必须弯下腰去，真抓实干。

6）没有调查就没有发言权，不论调查问题实质还是研究解决办法，都需要深入实际"解剖麻雀"。如果搞"木人探海"式的调研，沉不下去、踩不到底，必然摸不到实情，导致决策失误。

（2）列出逻辑式

写公文金句，从一定意义上讲，是对思想的一种完整性的追求。人的思维往往是零散的，对工作的认识、对规律的探索，往往只能想到其一，写金句就是在这个其一的基础之上，想到其二、其三，形成一个完整的逻辑回路，这就是列出逻辑式。

在列出逻辑式的过程中，可以使用扩展法。扩展法的操作很简单，只需要把要表达的第一句想好，然后按照第一句的结构类型，从不同角度，写出其他句子即可。

例如现在要写关于企业科学发展的金句，首先想到的是效益问题，第一句就可以这样写：科学把握"增与降"。

接下来，再根据第一句来进行思维发散，谋发展还需要考虑什么因素？还要通过比较优势激发活力、通过以人为本强化内驱力。经过这样的思考，可以写出后面两句：辩证认识"优与劣"，正确定位"物与人"。

最后这个完整的句子就是：科学把握"增与降"，辩证认识"优与劣"，正确定位"物与人"。

从结构上看，三个分句都是动宾结构，结构工整，内容层次分明，这就是列出逻辑式。

（3）排列组合

排列组合就是要打出组合拳。组合拳，就是成体系出现的内容。要打出组合拳，需要掌握修辞手法，常用的有对偶、排比、叠字、回环、层递、反复、顶真。

6. 如何出彩

一般来说，一篇公文不够出彩主要是因为缺乏亮点，让人看过之后觉得索然无味。那么，应该如何撰写公文才能让读者印象深刻呢？

第一，需要有新颖独到的观点，让公文的读者可以站在一个全新的角度去理解公文的思想。

第二，要对具体的内容进行概括和升华。好的公文在内容的整理和总结上一定是花费了很大工夫的，这样不仅能够让总结出来的内容具有更高的水平，并且对总结出来的经验有一个深度的剖析，能让读者理解起来也更加容易。这种概括和升华就是把具体的事件逻辑化、把细小的内容系统化，深挖材料的内涵，将精华的部分展现出来。

第三，是要善于运用典故，不同时期流传下来的经典著作和其中蕴含的智慧，都是可以运用到公文中的。对典故的合理运用不仅能够扩展和深化读者对公文的认识，还能够体现出公文的思想性。

炼成指南

公文写作的修炼重在积累，所谓"不积跬步，无以至千里；不积小流，无以成江海"。

第5章
法定类公文：表述得当，立片言而居要

法定类公文就像是一座桥梁、一条纽带，发挥着周知公务信息的重要作用。根据《党政机关公文处理工作条例》的规定，法定公文共有15种，本章着重介绍了其中的10种——决定、通知、公告、通告、通报、报告、请示、批复、意见、决议——的写作方法与技巧。这10种公文也是公文撰写者必须掌握的公文文体。

5.1 决定

决定是一种指令性的下行文件，适用于对重要事项做出决策和部署、奖惩有关单位和人员、变更或者撤销下级机关不适当的决定事项。

5.1.1 什么是决定

决定是下行文的一种，是公文写作中常见的类型。要学习决定的写作，可以从决定的特点和作用入手。

1. 决定的特点

在大多数情景中，决定会表现出权威性、指导性和规范性的特点。

（1）权威性

决定通常是由机关的核心圈层做出的指示，是当事机关主要领导或集体意志的体现，在其职权范围内具有绝对的权威性。

（2）指导性

决定是上级机关向下级机关提供的在工作上的指导和行为规范，并且部分决定的内容非常具体，可以直接用于工作实践。

（3）规范性

决定是对发文机关职权范围内的人的言行做出详细具体的要求，并且要在一段时间内得到实施。

2. 决定的作用

决定的内容不同，其作用也就不同。根据决定做出的具体安排、决策事项，可以将决定发挥的作用分为两大类，即知悉作用和指挥部署作用。

（1）知悉作用

这种类型的决定主要用于向其职权范围内的受众知会某一事项。例如对某个单位或个人进行表彰或者处分，或发布对一项重大事件的认知决定，一般来说此类决定的行文目的是使所属职权范围内的组织和个人知悉单位所做的决定。

（2）指挥部署作用

此类决定是在发文机关职权范围内，所有的组织和部门都必须按照相应的要求来贯彻执行确定的内容，具有绝对的权威性和强制性。

5.1.2　决定的写作技巧

通过以上的内容我们知道了决定的作用。在写作决定的时候需要根据决定的作用来调整写作方式，这里向大家介绍拟写决定的一些技巧。

1. 根据内容选取适合的结构

根据决定的内容，可以判断相应的决定是属于指挥部署性决定还是知悉性决定，并根据其内容选择适合的结构。

对于指挥部署性决定来说，其主要任务是传达重要工作的具体指令，主要由背景、依据以及决定的内容和要求构成，所以在拟写指挥部署性决定的过程中，应该在开头直接表明决定的要点，然后再以并列的方式交代其他内容。

知悉性决定把对于某一事项的安排或部署告知有关部门或者在一定范围内公开，通常情况下针对性没有那么强，在写作过程中主要以具体事件和环境为主，决定的事项简明扼要地交代清楚就可以了。

2. 规范的表达

在表达上，决定的语言和内容要严谨、准确。在公文中的具体表现为要有政策依据、必须和上级机关保持一致、与相关规定没有冲突。

【案例分享：决定】

湖北省人民政府关于废止部分政府规章的决定

《湖北省人民政府关于废止部分政府规章的决定》已经 2019 年 12 月 16 日省人民政府常务会议审议通过，现予公布施行。

省长　王晓东

2019 年 12 月 23 日

为贯彻落实党中央关于生态文明建设的重大决策部署和全国人大常委会、国务院关于生态环境保护法规、规章清理工作的要求，省人民政府决定废止《湖北省磷矿资源管理暂行办法》（省政府令第 270 号）和《湖北省河道采砂管理办法》（省政府令第 333 号）。

本决定自公布之日起生效。

（资料来源：湖北省政府网站）

5.2 通知

通知也是人们经常接触的公文类型之一，使用范围非常广泛。本节我们就来学习一下关于通知写作的内容。

5.2.1 什么是通知

通知是上级机关把有关事项告知下级机关或有关方面所使用的文种。

通知具有广泛性，主要表现为发文主体的广泛性、收文主体的广泛性以及文体运用的广泛性。通知的用途广泛，工作指示、任务目标以及一般事项都可以通过通知来传达。

通知具有权威性。通知一般都是由上级机关传达给下级机关，需要下级机关根据通知的内容采取相应的行动，并且需要在通知规定的时间内完成。

通知具有真实性。通知是告知相应的人员和机构有关的内容，其中所包含的内容必须真实有效，并且具有可操作性。

通知主要有以下几个种类（见图 5 - 1）。

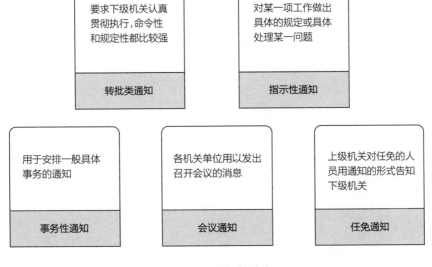

图 5 - 1　通知的种类

5.2.2　通知的写作技巧

通知是在公文处理工作中常用的文种，在语言上必须做到严谨、朴素。

在严谨、朴素的基础上，还要符合客观实际，符合明确、精炼的运用标准，符合具体的语境，并且要多用书面语，避免使用口头用语。

写通知最重要的一点就是讲求实效与实际操作相结合，尤其是指示性通知，主要用于传达上级机关的指示、布置任务等，一般都采取快速行文的方式，以更好地布置工作，并且指示内容要切合实际，便于执行人员具体操作。

除此之外，通知的具体事项要完整，当通知的事项较多时，需要一一排列说明，对于具体的细节也要交代清楚，以便于收文人员具体实施。

【案例分享：通知】

省人民政府办公厅关于印发

《湖北年鉴（2020）》编纂方案的通知

各市、州、县人民政府，省政府各部门：

《〈湖北年鉴（2020）〉编纂方案》已经省人民政府同意，现印发给你们，请按照编纂方案要求认真组织开展撰稿、编辑工作，确保《湖北年鉴（2020）》按时限、高质量出版。

2020 年 5 月 1 日

（资料来源：湖北省政府网站）

5.3 公告

公告是日常生活中人们能够经常接触的公文文种，例如新闻中播出的公告。本节将对公告进行介绍。

5.3.1 什么是公告

公告通常是用于向国内外宣布重大事项的文种，一般情况下公告分为以下两种。一种是法定事项的公告。用于公布带有法律、法规性质的事项或者法律本身。另一种是重要事项公告，主要包括政治、经济等方面的重大事项。这些事项都有一个共同点，即应该让全体公民知道。

正是由于公告的"广而告之"特性，让公告远远超过了其固定的使用范围。我们来认识一下公告的特点。

首先，公告具有广泛性。这是公告的基本特点，因为公告在发布时，其对象是全国人民乃至世界人民。

其次，公告具有限制性。公告的限制性是因为其发布者仅限于高级别的行政部门，也就是中央政府和省级政府。

最后，公告具有新闻性。公告的受众范围是世界性的，传递给受众的基本上都是新近发生的重大事件，因此新闻性也是公告具有的一个重要特征，这就是在日常生活中经常能够在新闻上看到公告的原因。

此外，公告的内容都具有重大意义。通常情况下只有涉及国际国内重大事件的内容才能够使用公告这一文种。

上述特点决定了公告具有广泛传播的作用。公告最主要的作用就是将信息传播出去，让所有人都知道，因此公告的受众是没有限制的。此外是规范作用，以公告为载体的内容除了重大事件外，还有大量法律法规所规定的内容，这些内容具有涉及面广、影响面大的特点。

5.3.2　公告的写作技巧

公告一般由标题、发文字号、正文、落款四个部分构成。因为公告的知悉范围不受限制，所以没有主送机关。

同样因为知悉范围没有限制，所以公告的内容就必须让受众可以快速理解。要达到这一要求，在结构上就必须做到主次分明。在写作的过程中撰写者要弄清楚什么内容应该放在前面，什么内容应该放在后面，这样才能突出重点，让受众能快速理解公告的内容。

在语言方面，相较于其他文种的公文，公告的语言应该更加得体和准确，这也是因为公告的受众面广。得体和准确的语言是基于公告具有权威性和政策性，在遣词造句和标点符号使用上都需要做到准确无误，这是最基本的要求。因此，在写作时，应该确保公告的语言能够符合社会的客观实际、符合规范的用语标准，内容的表达上不能存在缺陷。

公告有篇幅要求。公告是一种简短的公文，要想使公告能被人们理解并能指导人们的行为，在写作的时候就应该更加注意语言的表达。要做到开门见山，直接对相关的事件进行陈述，观点要鲜明，文字要简练。

【案例分享：公告】

国家税务总局关于修订个人所得税申报表的公告

国家税务总局公告 2019 年第 7 号

根据《中华人民共和国个人所得税法》及其实施条例等相关税收法律法规规定，为保障综合与分类相结合的个人所得税制顺利实施，现将修订后的个人所得税有关申报表予以发布，自 2019 年 1 月 1 日起施行。

《国家税务总局关于发布个人所得税申报表的公告》（国家税务总局公告 2013 年第 21 号）附件 1 至附件 5、《国家税务总局关于发布生产经营所得及减免税事项有关个人所得税申报表的公告》（国家税务总局公告 2015 年第 28 号）附件 1 至附件 3、《国家税务总局关于全面实施新个人所得税法若干征管衔接问题的公告》（国家税务总局公告 2018 年第 56 号）附件 1 同时废止。

特此公告。

附件：1. 个人所得税基础信息表（A 表）（B 表）

2. 个人所得税扣缴申报表

3. 个人所得税自行纳税申报表（A 表）

4. 个人所得税年度自行纳税申报表

5. 个人所得税经营所得纳税申报表（A 表）（B 表）（C 表）

6. 合伙制创业投资企业单一投资基金核算方式备案表

7. 单一投资基金核算的合伙制创业投资企业个人所得税扣缴申报表

国家税务总局

2019 年 1 月 31 日

（资料来源：国家税务总局网站）

5.4　通告

公告和通告都是机关单位在对外宣布事项时使用的公文文种，只是两者在应用权力的层级上有所不同，本节详细介绍通告这一公文文种。

5.4.1　什么是通告

通告一般用于发布和某件事情有关的各方单位和个人应该知晓或遵守的事项。它的主要作用是向有关机关和人员告知应当遵守的规定，以及传达上级机关的指导政策，需要通告职权范围内的人员尽数知悉。

通告具有广泛的知悉性，主要表现为其覆盖面涉及各级机关，其内容涉及面也很广，与社会各方面有关。

通告还具有很强的规范性和专业性，通告主要是对其内容范围内的告知事项进行约束和限制的，受众必须严格遵守。同时通告需要对某一方面做出具体的要求时，在内容上就需要具备实务上的专业性。

　　根据通告发挥作用的不同，可以将通告分为两种，即知照性通告和规定性通告。

　　知照性通告只具有告知作用，没有具体的执行事项，内容也比较简单，只是对某一事项进行告知。

　　规定性通告对受众的行为有着较强的约束力，其主要内容是对需要受众严格遵守的事项进行公布。

5.4.2　通告的写作技巧

　　从内容和性质上来看，通告和公告具有极高的相似性，两者都具有广泛的传播性，但是在具体操作和发文级别上来说，两者是有差别的，在写作前需要弄清楚。

　　首先是发文机关不同。公告对于发文机关有权力限制，一般是高级别的行政部门（省部级以上）才能发布公告，而通告则没有相应的限制。其次是发文内容不同。公告的内容一般是国家关注的重点事项，而通告多为一般性事务。再次是发布方式不同，公告通常情况会通过媒体平台进行发布，而通告一般在职权范围内以电子文件或会议通知的形成发布。

　　了解了公告和通告的区别，接下来就需要进行具体的写作。

　　通告一般由标题、正文、落款组成，在写作过程中需要厘清条理，划分层次，搭建一个好的框架，这些是写作公文的基础。

　　和公告的写作一样，通告也需要突出重点，在打好基础的情况下，对具体的内容进行表述，在撰写的过程中需要做到观点鲜明、内容具体，这样才能使受众理解通告的内容并执行。同时通告的内容不能和相关政策产生冲突。

　　在语言上，为避免人们对内容产生误解，需要做到通俗易懂，使受众能够快速理解。在处理专业性较强的通告时，撰写人员应该将其转化成更容易理解的语言。

【案例分享：规定性通告】

国家药监局关于发布无源医疗器械产品原材料变化

评价指南的通告

（2020 年 第 33 号）

为加强医疗器械产品注册工作的监督和指导，进一步提高注册审查质量，国家药品监督管理局组织制定了《无源医疗器械产品原材料变化评价指南》，现予发布。

特此通告。

附件：无源医疗器械产品原材料变化评价指南

国家药监局

2020 年 5 月 13 日

（资料来源：中国政府网）

【案例分享：知照性通告】

市场监管总局关于 9 批次食品不合格情况的通告

（2019 年 第 44 号）

近期，市场监管总局组织食品安全监督抽检，对方便食品、食用农产品、蛋制品、豆制品、罐头、肉制品、乳制品、食盐、糖果制品、特殊膳食食品、饼干、粮食加工品、水产制品、酒类、茶叶及相关制品、炒货食品及坚果制品等 16 大类食品 452 批次样品（产品抽检结果可查询 https：//sac. nifdc. org. cn/）进行抽检，发现方便食品、食用农产品、茶叶及相关制品 3 大类食品 9 批次样品不合格，检出微生物污染、农兽药残留等问题。

对抽检中发现的不合格食品，市场监管总局已责成上海、浙江、福建、湖北、重庆、贵州、陕西等省级市场监管部门立即组织开展处置工作，查清产品流向，采取下架召回不合格产品等措施控制风险；对违法违规行为，依法从严处理；及时将企业采取的风险防控措施和核查处置情况向社会公开，并向总局报告。

现将监督抽检不合格食品具体情况通告如下：

一、微生物污染问题

1号店森道食品专营店（经营者为福建省龙岩市森道电子商务有限公司）在1号店（网店）销售的、标称湖北省洪湖市晨光实业有限公司生产的洪湖藕粉，霉菌不符合食品安全国家标准规定。检验机构为中国食品发酵工业研究院有限公司。

二、农兽药残留问题

（一）陕西省西安市长安区红兵水产店销售的鲫鱼，地西泮不符合食品安全国家标准规定。检验机构为河北省食品检验研究院。

（二）贵州省贵阳市乌当区新百联社区百货超市销售的鸡蛋，氟苯尼考不符合食品安全国家标准规定。检验机构为深圳市计量质量检测研究院。

（三）贵州省铜仁市喜多多商贸有限公司销售的鲤鱼，呋喃西林代谢物不符合食品安全国家标准规定。检验机构为深圳市计量质量检测研究院。

（四）重庆好又多百货商业有限公司销售的活鲈鱼（淡水鱼），经武汉食品化妆品检验所检验发现，其中磺胺类（总量）不符合食品安全国家标准规定。重庆好又多百货商业有限公司对检验结果提出异议，并申请复检；经重庆海关技术中心复检后，维持初检结论。

（五）贵州省贵阳市乌当区高新办事处振华集贸市场蔬菜摊区（经营者：李承秀）销售的小白菜，毒死蜱不符合食品安全国家标准规定。检验机构为深圳市计量质量检测研究院。

（六）陕西省西安新北城农副产品交易市场（徐绍艳摊位）销售的韭菜，毒死蜱不符合食品安全国家标准规定。检验机构为河北省食品检验研究院。

（七）贵州省贵阳市乌当区高新办事处振华集贸市场蔬菜摊区（经营者：向云彩）销售的芹菜，甲拌磷不符合食品安全国家标准规定。检验机构为深圳市计量质量检测研究院。

（八）淘宝一口香茶庄（经营者为浙江省嵊州市一口香茶业网店）在淘宝网（网店）销售的、标称浙江野山谷农业开发有限公司生产的龙井茶，水胺硫磷不符合食品安全国家标准规定。检验机构为青岛市华测检测技术有限公司。

特此通告。

附件：1. 部分不合格检验项目小知识

2. 方便食品监督抽检不合格产品信息

3. 食用农产品监督抽检不合格产品信息

4. 茶叶及相关制品监督抽检不合格产品信息

市场监管总局

2019 年 12 月 2 日

（资料来源：中国政府网）

5.5　通报

通报作为一种下行文，其应用范围和通告以及通知一样广泛，但是三者又有着明显的区别，本节我们就来学习一下通报的相关知识。

5.5.1 什么是通报

通报是上级机关把某些特殊的或重要的事项传达给下级机关的一种公文。

通报的目的在于沟通信息、树立榜样和批评错误，在受众中发挥着宣传教育、沟通情况、交流经验的作用。

一般情况下，通报反映的内容都是新情况或者新趋势，因此对于时效要求较高，需要快捷、及时、准确地通过具体事件来表明态度和观点，并且着重通过叙事来阐明道理。

通报传达的事件或个人都是具有典型意义的，通过树立正面典型或反面典型来表扬或批评某一重要情况或问题，且内容比较集中，有一文一事的特点，因此通报具有典型性和单一性。通常情况下，通报具有以下作用。

1．表彰先进

通报通过表彰先进典型来树立榜样，引领新的风尚和传播新的思想，鼓励受众向先进学习，与先进对标。

2．批评错误

通常以通报形式进行批评的事件是比较恶劣的，需要在通报范围内避免此类事件的发生。

3．传达重要情况

通报传达的重要情况一般是介绍典型经验，给相关的组织和机构提供借鉴和参考。

5.5.2　通报的写作技巧

通报的写作主要由通报的内容来确定，根据通报的内容可以分为表彰性通报、批评性通报和情况通报，下面对这几种通报的写作技巧进行介绍。

1．表彰性通报

顾名思义，这类通报是用于表扬先进人物和先进集体的，宣传和树立榜样，总结好的经验。在表彰性通报的写作过程中，开头需要言简意赅地说明通报事项，时间、地点、人物等都要交代清楚。接下来就要对事实做出准确的评价、总结经验并宣布表彰决定。最后还需要表达对被表扬者的期望和对受文者的要求，总体来说内容必须精练、直观，让受文者有可以学习或借鉴的地方。

2．批评性通报

这类通报主要用于通报事故或反面典型，让受文者引以为戒，避免错误再次发生。在具体的写作方面和表彰性通报一样，都需要交代清楚时间、地点、人物、具体事项等。批评性通报的分析和评价部分是重点，要对事件进行细致分析，从中总结出经验教训，然后公布对犯错对象的具体惩戒措施，最后是警醒受文者。

3．情况通报

情况通报主要用于传达信息和互通情报，在内容上大体上都分为陈述事实、分析评价、处理或应对方案、要求或希望四个部分，这和表彰性通报以及批评性通报相似，只是需要撰写者对事件具有更强的分析能力和概括能力。

【案例分享：通报】

关于表彰广东省体育局的通报

各地级以上市人民政府，省政府各部门、各直属机构：

在第 28 届奥运会上，我省 47 名体育健儿不畏强手，顽强拼搏，7 人获得 6 枚金牌，3 人获得 2 枚银牌，1 人获得 1 枚铜牌，实现了历史性突破，在全国各省（区、市）和单位获奖金牌总数中排名第一，为国家和我省体育事业做出了突出贡献。

我省体育健儿在第 28 届奥运会上所取得的优异成绩，是在省委、省政府高度重视和正确领导，全省人民群众关心支持下，广大体育工作者长期共同努力的结果。省体育局坚持群众体育、竞技体育和体育产业协调、快速发展，为我省体育健儿备战奥运会做了大量卓有成效的工作，为国家和我省体育事业的发展发挥了重要作用，获得了国家体育总局授予的"第 28 届奥运会突出贡献奖"。为此，省人民政府决定，给予省体育局通报表彰。

希望我省广大体育工作者按照省委、省政府建设体育强省、争当全国体育排头兵的要求，开拓进取，发扬成绩，再接再厉，在 2005 年全国十运会勇创佳绩，在 2008 年北京奥运会和 2010 年广州亚运会上再创辉煌，为广东增添光彩，为国争光。

广东省人民政府

二〇〇五年二月七日

（资料来源：广东省政府门户网站）

5.6 报告

报告是总结工作经验和向上级机关汇报工作的主要公文，每当工作或任务完成后负责具体工作任务的相关人员都会撰写报告，以便于上级领导和机关了解情况，从这点可以看出报告的重要性。

5.6.1　什么是报告

报告是一种上行公文，是下级机关向上级机关汇报工作、反映情况、提出建议以及答复上级机关询问时使用的公文文种。作为使用最为广泛的公文之一，报告的作用主要有以下几个方面。

1. 与上级机关沟通

报告具有单向性，一般由下级机关发起呈送给上级机关，上级机关通过下级机关的报告，可以及时了解下级机关的工作动态、对工作经验的总结以及发现的问题，对下级机关的工作进展做到心中有数，以准确把握全局。报告还能对上级机关的决策起到参考作用。

2. 总结和传播经验

报告不是单一地向上级机关交代工作进度与情况，还有完成的工作方法和心得，这些工作方法和心得是实际工作的经验总结。当上级机关觉得报告中的工作经验具有一定的借鉴和参考价值的时候，会对具体内容进行整理和提炼，然后转发至下属组织或机关进行推广，这体现了报告具有的总结和传播经验的作用。

3. 辅助决策

报告反映的是提交报告者的具体工作情况，有的报告还会提出优化工作的具体方案，对上级机关进行科学决策有着重要的参考价值。尤其是呈传性报告，这类报告具有很强的针对性，对于工作的推进具有实质性的帮助。

4．反映情况

下级机关对上级机关部署的工作、批办的事项、调查的事件、询问的问题等，都应该及时地向上级机关反映，做到件件有着落、事事有回音。报告不仅可以向上级机关反映工作的实时动态，还可以向上级机关反映工作中存在的问题，以便得到上级机关的指导。由此可见报告具有反映客观情况的作用。

5.6.2 报告的种类和使用范围

报告划分方式有很多种，按照报告的使用范围，可以将报告划分为综合性报告和专题性报告。根据报告的内容时段，可以将报告划分为月度报告、季度报告、年度报告和阶段性报告等。根据报告内容，可以将报告划分为工作报告、总结报告、调查报告等。根据调查的性质、目的，可以将报告分为呈报性报告、呈转性报告、检查报告、答复报告等。公文撰写者需要根据不同的情况来选择报告的种类。

了解了报告的种类后，还需要了解报告的使用情况。可以根据以下的具体情况来选择。

1）下级机关完成了某项重要工作，需要向上级机关报告情况、总结经验、提出建议的时候。

2）某一组织或个人有多方面的重要工作情况需要向上级机关反映，可以以综合报告的形式来向上级机关行文。

3）企事业单位的季度或年度工作报告以及政府每年的工作报告一般是按时间和完成情况来写作的。

4）机关单位或相关组织机构针对某一事件或者问题提出新的任务要求、政策规定和相关措施，需要上级机关转批下级机关执行的，可以向上级机关提交呈转性报告。

5）当下级机关存在问题或者出现重大失误的时候，上级机关责令其进行查处，下级机关可以根据工作进展情况及时写检查报告。

6）上级机关通过下级机关了解某一情况并征求其意见的时候，下级机关可以以答复报告的形式进行发文。

5.6.3 报告的写作技巧

报告的结构是由标题、主送机关、正文和结尾这四个部分组成的。

报告是一种上行公文，在写作过程中有不少撰写人员会把报告和请示的相关用语混淆，这会给上级机关在审批的过程中造成困扰。

在写作的过程中应该紧扣报告的主题，对主题进行深入挖潜，报告中涉及的材料也要和主题保持一致，材料内容必须充分展现主题思想和观点，上级机关才能够快速地理解报告的实质和内涵并做出相应的判断和批示。这不仅需要保证材料的真实性，语言上还需要简洁，能够总结性地、准确地表达出报告的重点。

【案例分享：报告】

2021年三季度金融机构贷款投向统计报告（节选）

人民银行统计，2021年三季度末，金融机构人民币各项贷款余额189.46万亿元，同比增长11.9%；前三季度人民币贷款增加16.72万亿元，同比多增4624亿元。

一、企事业单位贷款增速回升，短期贷款及票据融资升幅较大

2021年三季度末，本外币企事业单位贷款余额121.26万亿元，同比增长11.1%，增速比上季末高0.3个百分点；前三季度增加10.72万亿元，同比少增902亿元。

分期限看，短期贷款及票据融资余额43.62万亿元，同比增长4.4%，增速比上季末高2.7个百分点；前三季度增加2.06万亿元，同比少增1.3万亿元。中长期贷款余额74.45万亿元，同比增长15.3%，增速比上季末低1.5个百分点；前三季度增加8.37万亿元，同比多增1.09万亿元。

分用途看，固定资产贷款余额52.17万亿元，同比增长10.7%，增速比上季末低0.7个百分点；经营性贷款余额49.47万亿元，同比增长10.4%，增速比上季末低1个百分点。

二、工业中长期贷款增速放缓，房地产业中长期贷款增速降幅较大

2021年三季度末，本外币工业中长期贷款余额13.05万亿元，同比增长24.1%，增速比上季末低1.7个百分点；前三季度增加2.04万亿元，同比多增7020亿元。其中，重工业中长期贷款余额11.22万亿元，同比增长23%，增速比上季末低1.4个百分点；轻工业中长期贷款余额1.82万亿元，同比增长31.7%，增速比上季末低3.5个百分点。

2021年三季度末，本外币服务业中长期贷款余额49.72万亿元，同比增长12.4%，增速比上季末低2.1个百分点；前三季度增加4.66万亿元，同比少增1551亿元。房地产业中长期贷款余额同比增长0.2%，增速比上季末低3个百分点。

三、普惠金融领域贷款增速高位回落

2021年三季度末，人民币普惠金融领域贷款 1 余额25.81万亿元，同比增长23.1%，增速比上季末低2.4个百分点；前三季度增加4.31万亿元，同比多增6303亿元。

2021年三季度末，普惠小微贷款余额18.59万亿元，同比增长27.4%，增速比上季末低3.6个百分点；前三季度增加3.5万亿元，同比多增4766亿元。农户生产经营贷款余额6.8万亿元，同比增长13.4%；创业担保贷款余额2347亿元，同比增长18.8%；助学贷款余额1136亿元，同比增长 11.1%。

2021 年三季度末，原建档立卡人口存量贷款余额 1105 亿元；全国脱贫人口贷款余额 8819 亿元。

（资料来源：人民银行网）

5.7　请示

和报告一样，请示也属于上行文，虽然请示在内容上没有报告那么丰富，但是请示也有属于自己的特点。

5.7.1　什么是请示

请示是下级机关向上级机关请求指示、审核或批准某一事项而使用的文体。根据使用方式和内容的不同，请示可以分为请答性请示、待批性请示、需用性请示、建议性请示。

这些类型的请示有共同的特点，就是内容都具有请求性，为了某一事项或问题请求指示获批准。结果都具有复求性，都需要上级机关进行答复和批示。行文都具有先行性，因为请示必须事先行文，需要在上级机关答复后才能采取行动。除此之外，请示的形式还具有单一性，请示的行文方向、内容和主送机关都是单一的。

请示最主要的作用就是请示工作，解决问题。下级机关向上级机关反映情况，说明问题，从而使上级机关及时地了解下级机关的具体要求和面临的问题，并指导下级机关推进工作，解决问题，以减少工作中的失误。

请示是下级机关向上级机关传递信息必不可少的途径，也是上级机关了解基层情况的主要渠道之一，所以传递信息在请示的作用里面占有较大的比重。

另外，请示还具有保留办公痕迹，以及记录和留存信息的作用，因为请示的批复是下级具体行动的依据，是办事的凭证。

5.7.2 请示的写作技巧

虽然请示的内容并不复杂，但是在写作过程中还需要弄清楚其写作原则。

请示的写作原则相对于公文的其他文种来说也比较简单，一是要遵循一文一事的原则，不能像报告那样一篇公文包含多个事项。二是要逐级请示，不能越级。三是只能有一个主送机关。四是一定要在事前行文。五是一定要在答复后才能下发。六是只能送达上级机关，不能直接呈报给个人。

根据上述请示写作的原则，在请示的写作过程中，需要做到层次分明合理、语言表达简明、情况反映属实、准确把握适用范围、充分体现请示的重要性、准确说明发文目的。

【案例分享：请示】

关于召开区政协九届五次会议的请示

××区委：

根据《政协章程》关于如期召开政协全体委员会议的有关规定，经政协党史组研究，区政协九届五次全体委员会议拟于××年×月底召开，现将会议召开的方案呈上，请批复。

附：《关于召开区政协九届五次会议方案》

中共××区政协党组

××年×月×日

5.8　批复

批复是一种下行文，是上级机关与下级机关进行沟通的文书，本节将介绍批复的相关知识。

5.8.1　什么是批复

批复与相应的请示对应，是在答复下级机关的请示事项时使用的公文，并且上级机关只有接到下级机关的请示后才能进行批复，这使批复具备了以下特点。

1. 针对性

批复的内容都是针对请示的，请示什么就批复什么，并且有着明确的批复对象。

2. 被动性

批复产生的先决条件是下级必须要先请示，才会得到相应的批复，因此批复是被动行文。

3. 权威性

批复是上级机关对下级机关的请示事项的处理意见和办法，具有指导和命令的作用，下级机关必须严格执行。

4. 及时性

批复对于时效性要求较高，因为请示中有些内容是需要尽快解决的问题，上级机关在受文后应当快速做出反应，科学研判并及时答复。

批复的分类方式有几种，这里介绍一下批复最常见的分类方法，根据批复的内容进行分类，将批复分为以下三种。

第一种是指示性批复，这类批复的内容通常容量较大，对请示事项的具体实施具有较强的指导作用。因为此类批复对于事项的具体执行有着明确的要求和规范。

第二种是审核性批复，这类批复内容比较简单，篇幅也很短，通常只需要表明同意还是不同意即可。

第三种是阐释性批复，关于请示中提出的问题，在阐释性批复中会得到相应的答案。

5.8.2　批复的写作技巧

批复的格式相对于其他种类的公文来说比较稳定，包括标题、主送机关、正文、落款等部分。

在写作批复的时候，首先需要注意的就是内容要有针对性，本着一文一批复的原则，针对请示提出的具体问题进行答复。

其次，答复要及时。公文撰写者应该根据请示的具体时间和处理问题所用的时间尽快进行决策并答复，不能拖延。答复的态度要明确，不论请示的内容如何，在批复时都应该给出明确的答复，不能让受文者对内容产生不确定性，这样不利于工作的推进。答复的表述要清楚、准确，批复的语言必须言简意赅、态度明确，不能绕弯子，让人理解困难。

【案例分享：批复】

中共中央　国务院
关于对《河北雄安新区规划纲要》的批复（节选）

中共河北省委、河北省人民政府，国家发展改革委：

你们《关于报请审批〈河北雄安新区规划纲要〉的请示》收悉。现批复如下：

一、同意《河北雄安新区规划纲要》（以下简称《雄安规划纲要》）。《雄安规划纲要》深入贯彻习近平新时代中国特色社会主义思想，深入贯彻党的十九大和十九届二中、三中全会精神，坚决落实党中央、国务院决策部署，牢固树立和贯彻落实新发展理念，紧扣新时代我国社会主要矛盾变化，按照高质量发展要求，紧紧围绕统筹推进"五位一体"总体布局和协调推进"四个全面"战略布局，着眼建设北京非首都功能疏解集中承载地，创造"雄安质量"和成为推动高质量发展的全国样板，建设现代化经济体系的新引擎，坚持世界眼光、国际标准、中国特色、高点定位，坚持生态优先、绿色发展，坚持以人民为中心、注重保障和改善民生，坚持保护弘扬中华优秀传统文化、延续历史文脉，符合党中央、国务院对雄安新区的战略定位和发展要求，对于高起点规划、高标准建设雄安新区具有重要意义。

二、设立河北雄安新区，是以习近平同志为核心的党中央深入推进京津冀协同发展作出的一项重大决策部署，是继深圳经济特区和上海浦东新区之后又一具有全国意义的新区，是千年大计、国家大事。雄安新区作为北京非首都功能疏解集中承载地，与北京城市副中心形成北京新的两翼，有利于有效缓解北京"大城市病"，探索人口经济密集地区优化开发新模式；与以 2022 年北京冬奥会和冬残奥会为契机推进张北地区建设形成河北两翼，有利于加快补齐区域发展短板，提升区域经济社会发展质量和水平。要以《雄安规划纲要》为指导，推动雄安新区实现更高水平、更有效率、更加公平、更可持续发展，建设成为绿色生态宜居新城区、创新驱动发展引领区、协调发展示范区、开放发展先行区，努力打造贯彻落实新发展理念的创新发展示范区。

（资料来源：中国政府网）

5.9 意见

一般情况下，对意见的通俗理解就是人们对某一事件的具体看法，而公文中的意见和人们日常理解的意见是有所不同的，本节就来介绍一下意见这种公文文体。

5.9.1 什么是意见

意见是对重要问题提出见解和处理办法时使用的公文。能够提出意见的人必须在一定范围内有着一定的地位和影响力。虽然意见的使用范围很广，但是意见的上行文和下行文的区别还是很大的。

上行文意见是一种请示性公文，这类意见是需要上级机关进行答复和处理的。

下行文意见是针对公文内容的具体要求，结合实际情况可采取遵照执行或者参照执行的方式进行具体操作的。

平行文意见通常是给受文者提供参考的素材或者案例，帮助受文者进行科学的判断或者实践。

根据以上的描述，可以看出意见具有指导性、多向性、规定性和参考性。根据意见的性质和内容，可以将意见分为三类。

1. 指导性意见

指导性意见通常是下行文，是上级机关为解决某一问题对下级机关提出的具体意见。

2. 建议性意见

这种意见主要是下级机关向上级机关提出优化或解决某项工作或问题的思路、设想、建议，为上级机关提供参考。

3. 协商性意见

协商性意见一般用于平行机关和没有直接隶属关系的组织之间协商工作，是机关之间交流的公文。

5.9.2 写作意见的注意事项

意见的写作与表达是一项非常考验撰写人员的能力与智慧的工作，在写作过程中需要注意哪些事项呢？

1. 严格区分其使用范围

因为意见具有多向性，所以在行文时和很多公文都有相似之处，在写作的时候需要进行区分。比如协商性意见和函一样，都是平行机关或者没有直接隶属关系的组织间用来沟通的公文，函是需要回复的，而具有参考性质的意见是不用回复的。

2. 内容要具有针对性和可行性

因为意见的内容是针对某一具体事件而写的，所以在撰写的过程中应该围绕着这一事件进行阐述，并且具有可操作性和参考性，必须符合事实。

3. 结构清晰

在写作结构方面，意见应该层层深入，对于事件进行由表及里的分析，将自己对事件发展的规律和认识清晰地展现出来，让受众能够快速地理解。

【案例分享：意见】

中共中央　国务院
关于深化医疗保障制度改革的意见（节选）

（2020 年 2 月 25 日）

医疗保障是减轻群众就医负担、增进民生福祉、维护社会和谐稳定的重大制度安排。党中央、国务院高度重视人民健康，建立了覆盖全民的基本医疗保障制度。党的十八大以来，全民医疗保障制度改革持续推进，在破解看病难、看病贵问题上取得了突破性进展。为深入贯彻党的十九大关于全面建立中国特色医疗保障制度的决策部署，着力解决医疗保障发展不平衡不充分的问题，现就深化医疗保障制度改革提出如下意见。

一、总体要求

（一）指导思想。以习近平新时代中国特色社会主义思想为指导，全面贯彻党的十九大和十九届二中、三中、四中全会精神，坚持以人民健康为中心，加快建成覆盖全民、城乡统筹、权责清晰、保障适度、可持续的多层次医疗保障体系，通过统一制度、完善政策、健全机制、提升服务，增强医疗保障的公平性、协调性，发挥医保基金战略性购买作用，推进医疗保障和医药服务高质量协同发展，促进健康中国战略实施，使人民群众有更多获得感、幸福感、安全感。

（二）基本原则。坚持应保尽保、保障基本，基本医疗保障依法覆盖全民，尽力而为、量力而行，实事求是确定保障范围和标准。坚持稳健持续、防范风险，科学确定筹资水平，均衡各方缴费责任，加强统筹共济，确保基金可持续。坚持促进公平、筑牢底线，强化制度公平，逐步缩小待遇差距，增强对贫困群众基础性、兜底性保障。坚持治理创新、提质增效，发挥市场决定性作用，更好发挥政府作用，提高医保治理社会化、法治化、标准化、智能化水平。坚持系统集成、协同高效，增强医保、医疗、医药联动改革的整体性、系统性、协同性，保障群众获得高质量、有效率、能负担的医药服务。

（三）改革发展目标。到2025年，医疗保障制度更加成熟定型，基本完成待遇保障、筹资运行、医保支付、基金监管等重要机制和医药服务供给、医保管理服务等关键领域的改革任务。到2030年，全面建成以基本医疗保险为主体，医疗救助为托底，补充医疗保险、商业健康保险、慈善捐赠、医疗互助共同发展的医疗保障制度体系，待遇保障公平适度，基金运行稳健持续，管理服务优化便捷，医保治理现代化水平显著提升，实现更好保障病有所医的目标。

（资料来源：中国政府网）

5.10　决议

在 2012 年颁布的《党政机关公文处理工作条例》当中，决议被列入法定公文。相较于其他文种的公文，决议被列为法定类公文的范围比较晚。

5.10.1　什么是决议

决议是指党的领导机关就重要事项，经会议讨论通过其决策，并要求贯彻执行的重要指导性公文。

一般情况下决议适用于重大决策，决策具有权威性、重要性、强制性和指导性。

1. 权威性

所有的决议都是通过法定会议进行决策的，是经过科学的研判而形成的结果，具有权威性，要求在决议范围内的所有组织和人员不得违背。

2. 重要性

需要通过决议来处理的事项都是特别重大或者非常具有挑战性的事项，这些事项本身就非常重要。

3. 强制性

具有法定效用的公文，所涉及范围内的所有组织和个人都必须强制遵循，决议也不例外。

4. 指导性

决议属于上级机关发送至下级机关的公文，本身就具有指挥和指导的属性，所以决议的结果要能够给其涉及范围内的组织和个人提供指导性意见。根据决议内容的不同，可以将决议分为以下四类：

批准性决议：批准性决议是用以批准事项的决议，通常在重要会议上由领导人或相关组织提交报告，经过会议讨论得出结果后出台，表明事项是否通过审批。

指令性决议：此类决议主要是指各机关在自己的职权范围内，通过决议的形式对相关的工作做出安排，并经过会议批准通过。

总结性决议：总结性决议是对过去工作的经验通过决议的方式进行总结和推广。

部署性决议：这一类决议通常是宏观性的，只提出工作任务，阐明工作的原则、方法、要求等，是统领全局的文件。

5.10.2 决议的写作技巧

决议的写作技巧主要集中在文种本身对于技巧的要求上，一篇合格的决议必须要符合相关的要求。

1. 全面准确地呈现出会议的情况

要想做到这一点，就需要撰写人员全面把握会议的情况，了解会议的主题思想，这是公文撰写者在会议开始前就需要做的功课，同时还需要了解参会人员对讨论事项的态度，这种态度必须是最终结果的体现，因为这种结果是在文件中必须明确表达的。

2. 时效性强

决议具有很强的时效性，因此撰写者应该在会议结束后的第一时间就完成相关决议公文的撰写。同时撰写者还需要实时跟进会议的最新变化，因为随着会议内容的变化也需要不断地对内容进行修改，此外，不管是撰写初稿还是修改内容，都需要在一定的时间内完成，因为还需要提交会议通过，所以决议的写作时效性也是对撰写者写作效率的考验。

3. 夹叙夹议

决议并不是对会议流程的记录，不能单一地进行叙述，应该加入对相关事件的议论内容，把具有说服力的观点、准确的评价带入公文中。有理有据，才能使决议范围内的受众信服并快速执行。

【案例分享：决议】

全国人民代表大会常务委员会
关于批准 2006 年中央决算的决议

(2007 年 6 月 29 日第十届全国人民代表大会常务委员会第二十八次会议通过)

第十届全国人民代表大会常务委员会第二十八次会议，听取了财政部部长金人庆受国务院委托作的《关于 2006 年中央决算的报告》和审计署审计长李金华受国务院委托作的《关于 2006 年度中央预算执行和其他财政收支的审计工作报告》。会议结合审议审计工作报告，对《2006 年中央决算 (草案)》和中央决算的报告进行了审查，同意全国人民代表大会财政经济委员会提出的《关于 2006 年中央决算的审查报告》，决定批准《2006 年中央决算》。

会议要求国务院进一步提高预算编制的科学性和准确性。要规范财政转移支付制度，尤其是要严格专项转移支付项目的审批；要针对审计揭露的问题，从体制和机制上分析原因，提出改进办法；要严格执行预算，加强监督，建立健全责任追究制度，做好财政决算工作。

（资料来源：中国政府网）

炼成指南

法定公文是由有关法规所规定的公文，包括行政公文、党务公文等。法定公文与其他公文相比，更加重视公文格式的统一规范。

第 6 章
凭证类公文：落实于行，体现于文

凭证类公文又被称为契约性公文，可以作为契约凭证。正所谓"口说无凭，事实为证"，凭证类公文是日常生活应用最广泛的公文类别之一，其中合同、意向书、协议书是凭证类公文最常见的类型。

6.1 合同

合同在日常生活中是一种很常见的公文，购房需要签订购房合同、租借物品需要签订租赁合同，新员工入职需要签订劳动合同。总的来说，合同能够给人们的经济活动提供法律保障。

6.1.1 什么是合同

根据《中华人民共和国合同法》的规定，合同是指平等主体的自然人、法人或者其他组织之间，设立、变更、终止民事权利和义务关系的协议。根据我国法律对合同做出的具体定义，合同具有以下特点：

1. 合法性

合同是一种法律行为，也就是在经过签署生效后会产生相应的法律后果，并通过相关法律法规来保障合同的执行，签订合同的任何一方都不得违反合同内规定的内容，并且签订合同的任何一方、合同的内容以及签订程序都不得违反相关的法律，如果出现与法律相冲突的情况，执法机构不仅不会保护签订合同的任何一方，还会认定合同内容无效并追究当事人员和组织的法律责任。

2. 对等性

合同体现的是签订合同的双方或者多方的集体意志，只有在签订合同的各方对合同内容达成一致的情况下才能成立，如果有一方对合同的内容存在分歧不愿意签署合同，或者仅有一方同意，那么合同就不成立。

3. 平等性

签署合同的各方具有平等的法律地位。

4. 约束性

签订合同是一种法律行为，合同的确立、变更和终止，都是在法律的框架内进行的。对签订合同的各方都具有约束性，如果出现违反合同或者相关法律法规的情况，签订合同的各方需要承担相应的法律责任或者根据合同内容来进行赔偿。

6.1.2　合同的格式要点

合同作为一种凭证类公文，具有法定效力，所以在写作的过程中，格式尤为重要，因为格式的正确与否不仅关系到签订合同的流程是否规范，更直接影响到合同是否能够生效。

合同由标题、签订方、正文和落款四个部分组成。其中标题部分是合同的名称，需要写明合同的性质，如"劳动合同""租赁合同"等。接着是签订合同各方的法定名称，要位于标题之下，并注明"甲方"和"乙方"，这里所涉及的名称必须是合同签订的组织和个人的全称，不能是缩写或其他代称。

因为合同具有法律效力，所以在撰写合同正文的时候需要格外小心，避免出现漏洞。在拟定正文的时候一定要遵守相应的写作规范，首先需要了解合同签订方的依据和目的，应该交代清楚签订合同的目的和签订合同的基本原则。

其次需要确保签订合同的各方能就合同的内容达成一致，在撰写过程中要写明法律规定必须具备的条款，以及签订合同各方的相关要求，这些相应的条款是合同成立必不可少的内容，也是签订合同各方履行合同规定的依据。

最后就是合同的落款部分，一般情况下合同的落款包括签订各方的公章和代表人员签字，并注明签订合同的日期、份数以及有效期限，在一些特殊的情况下还需要对合同进行公证。

6.1.3 合同的写作技巧

目前，合同大都有相应的模板，但是合同的撰写还是需要拟稿人细致、谨慎地对待，在拟定合同的时候还需要注意以下几个方面。

1. 内容的合法性

合同具有法律效用，因此撰写人员一定要熟悉相关的法律、法规和政策，合同的内容不能和相关的法律相冲突，只有这样合同才能生效。在签订合同时，相关各方都需要了解所签合同内容相关的法律知识，只有这样在执行的时候才能够不违反合同内容和法律规定。

2. 在平等协商的基础上保持内容的一致

合同的签订建立在各方意见表达一致的基础上，并且在签订之后，不能随意更改。如果需要对合同进行更改，那么必须经过各方的同意，才能以补充协议的形式进行修改。

3. 语言清晰准确，不能随意修改

合同必须写得清楚明白，不能含糊其辞、不能有歧义，并且作为法律文书，每个字都不能出现错误，更不能随意涂改，这是保证签订合同的各方不发生争议的基础。

【案例分享：合同】

车辆买卖合同

为了明确旧机动车买卖双方各自应承担的法律责任及义务，经双方自愿同意签订以下协议（售车方简称为甲方，购车方简称为乙方）：

售车方（甲方）：_____

购车方（乙方）：_____

一、甲方将车主_____的_____轿车，牌号_____，发动机号_____，车架号_____转让给乙方，双方达成成交总额为（人民币）_____，小写_____。

二、甲方应对该车手续及车辆的合法性负责（包括该车在_____年____月____日前所发生的一切交通事故及经济纠纷）。该车自交车之日起（时间_____年____月____日起）所发生的交通事故及违法活动均由乙方负责，与甲方无关。

三、该车若须办理过户事宜，过户费由_____方承担，过户时双方应主动配合办理过户所需手续及车辆。自交车之日起，该车以后所需费用均由乙方负责支付（包括养路费、年审费及保险费）。

四、因双方交易车辆为旧机动车车辆，故双方签订协议时均对车身及发动机工作状况表示认同。

五、备注（未尽事宜双方约定处理）。

六、该合同一式两份，双方签字生效，双方不得违约，不得对成交金额提出异议，不退车及车款。

售车方（甲方）：_____   购车方（乙方）：_____

联系电话：_____   联系电话：_____

签订时间：_____   签订时间：_____

6.2 意向书

意向书由于具有先导作用，因此它在公文中有着特殊的地位。

6.2.1　什么是意向书

意向书是组织或个人间合作的先导和依据，是一种用来表达合作意向的文书。这意味着意向书在性质上就与其他类别的公文有着很大的不同。

首先，意向书具有协商性。意向书表达的只是当事各方的合作意向，更多的是一种假设和询问。

其次，它具有临时性。因为意向书只是双方最终达成合作的一个过程，并不是结果。

再次，它具有简略性。意向书的内容一般只有合作的大致方向，对于合作的具体事项和工作方式并没有太多的规定。

最后，意向书的法律效力是根据其具体内容来确定的，如果意向书已经包含了合同的主要条款，如买卖双方约定了买卖价格、买卖标的物、交付时间、交付方式、违约条款等，而且当事人没有明确排除其约束力，且一方已经开始履行该意向书所载明的部分义务，对方也接受了，尽管此时没有订立合同，通常应认为该意向书具备了法律约束力。

意向书与合同有着很多相似的地方，例如都是双方在平等地位下签订的或者都是双方意见达成一致的凭证。这就导致很多刚接触此类公文的撰写人员容易把两者混淆，表 6-1 为意向书和合同的区别。

表 6-1　意向书和合同的区别

	合同	意向书
内容	详细的、具体的、系统的	表明意愿，并没有具体的规划
用途	保障合同各方的权利和义务	邀请对方合作并达成意向
法律效力	具有绝对的法律效力	根据具体内容判断是否具有法律效力

1．内容

意向书与合同在内容上虽然都是合作各方经过讨论、协商后达成一致的结果，但是意向书在许多具体问题上并没有进行详细的解释和落实，而合同的内容必须是详细的、具体的、系统的。

2．用途

意向书的主要用途是向有合作想法的组织或个人发出签订合同的邀请，以最终达成签订合同或协议的目的。而合同的用途是保障签订合同各方具体的权利和义务。

3．法律效力

意向书并没有合同具有的法律效力那么强，因为意向书并不涉及合作各方的具体权利和义务。

6.2.2 意向书的写作技巧

意向书的内容关系到各个合作方下一步的谈判和合作，因此在撰写的时候应该为后续的发展留足空间，具体应该从以下几个方面入手。

原则上，在撰写意向书的时候应该坚持平等互利的原则和合规性原则，在不违反相关法律法规和合作方各自意愿的前提下，保证各方的权利。

内容上，意向书反映的内容必须是真实有效并且合理合法的，还需要给合作的对方留下足够的空间余地。

语言上，意向书的语言不像其他公文那样详细和具体，更多的是一种笼统的表述，这样可以给后续的协商留下更多的空间。

【案例分享：意向书】

项目投资意向书

甲方：   乙方：

甲、乙双方经友好协商，本着诚信互利的原则，就乙方在××地区投资建设××工厂项目一事（拟投资总额为××万元人民币）订立本意向书。

（一）拟建项目名称：××项目

（二）项目地址：××地区

（三）项目占地

甲方同意乙方在××地区投资建设××项目，项目总占地××亩，分两期建设，第一期约为××亩，以实际测量面积为准，第二期约为××亩。

（四）土地价格

××万元/亩（报批费用及其他所需税费由甲方承担），第一期××亩，经双方协商甲方确保乙方以合法形式取得该宗地的土地使用权属证明（商业用地）。

（五）出让土地达到的条件

1. 甲方保证该宗地满足乙方项目（一期）建设需求，达到"七通一平"条件，水、电、路等配套设施将通至乙方项目用地红线处。

2. 土地挂拍所缴纳的土地出让金，由甲方拆借，利息由乙方承担（时间为一个月）。

（六）项目建设期限

1. 本项目第一期自甲乙双方在项目手续办理完毕后，在1个月内开工建设，建设期限1年。第二期建设用地，甲方须于××年前做出安排。

2. 自本意向书签订之日起，乙方在5日内向甲方支付押金××万元。

（七）对项目的优惠支持

按中共××地区委发［20××］1 号兑现给乙方。

（八）双方责任和义务

1. 甲方须确保乙方项目土地手续及权属证明以合法形式在 3 个月内取得。

2. 乙方须在××镇注册具有独立法人资格的公司，独立纳税，在本镇内发生的所有经营事项均纳入所注册的独立法人企业中并确保在经营期限内，年纳税不低于××万元。

3. 乙方应保证项目合理规划，节约用地，充分发挥土地效益。

4. 乙方须按照协议约定的动工期限开工建设，若乙方逾期半年未开工建设或未经批准中止开工建设时间连续满一年的，须向甲方缴付土地闲置费；乙方无正当理由在正式投资协议签订之日起超过一年未开工的，甲方有权无偿收回该宗土地，乙方在动工新建时如遇土地纠纷引起停工和造成的经济损失，由甲方负责承担，并由甲方出面协调确保工程顺利进行。

（九）本意向书经双方法定代表人（或授权委托代理人）签字并盖章后成立，正式协议在甲方履行完相关决策程序后另行签订。

本意向书所载项目投资及其相关事项，系本公司与相关地方政府达成的初步意向，具有与正式协议同等的法律效力。待项目条件成熟时，双方将协商拟定具体投资方案并签订正式协议。正式协议签订后本意向书自动终止。

甲方：签字（章）　　　　　　　乙方：签字（章）

　　　　　　　　　　　　　　　签订日期：××××年×月×日

6.3　协议书

作为凭证类公文的一种，协议书和合同具有相同的法律效力，本节就来介绍协议书的相关内容。

6.3.1　什么是协议书

从广义上来讲，协议书是日常生活中所有的处理各类社会关系或者事务达成一定协议时而产生的书面凭证。

从狭义上来说，就是指各类涉及社会公共管理的组织和个人，为了解决某一问题或确定某种法律关系而经过谈判或协商取得一致意见后签署的具有法律效力的公文。

从签署协议书的目的来看，是通过签署协议来确定双方的责任，保障各自的合法权益。在内容上，协议书明确了相关组织和人员的权利和义务，并且对他们都具有法律上的监督和约束的作用。

本节的开头就提到了协议书与合同的相同点，它们之间的区别表现在两个方面，如表6-2所示。

表6-2　协议书和合同的区别

	合同	协议书
适用范围	主要用于经济技术领域的合作事务	适用范围广泛，从民事领域到政治经济领域都能使用
内容	注重具体条款和细节	注重原则

第一个方面是适用范围不同。协议书的适用范围相较于合同来说是非常广泛的，各类事务协商完成后都可以采用协议书的形式来确定各方的意

愿，而合同主要用于经济技术领域的合作事务。

第二个方面是内容不同。协议书的主要内容是协商各方在沟通过程中表现出来的原则性意见，对各项条款和具体的操作并没有详细的规定，内容上相较于合同而言也比较简单。而合同在各项条款和具体的细节上，力求做到详细、具体。

6.3.2　协议书的写作技巧

协议书具有较强的法律效力，所以在写作的过程中需要注意一些写作的原则。

首先是内容的合法性，这一点和所有的公文一样，在内容上都不能和法律发生冲突。

其次是要遵循签订各方的要求，因为签订协议是各方建立在协商一致、平等互利和平等的原则上的。也就是说签订协议是自愿的结果，并且这个结果对各方来说都是满意的。

最后是对语言的准确把握，这一点和拟写合同一样，表述都应该准确而具体，能够将各方的具体要求清楚明白地表达出来，保证协议书具备法律效力，确保内容的实质性达成。

【案例分享：协议书】

×× 协议书

甲方：＿＿＿＿＿＿＿

乙方：＿＿＿＿＿＿＿

＿＿＿＿＿＿＿（以下简称"甲方"）与＿＿＿＿＿＿＿先生（以下简称"乙方"）经过友好协商，在相互信任、相互尊重和互惠互利的原则基础上，双方达成以下合作协议：

一、甲乙双方在符合双方共同利益的前提下，就企业管理咨询业务合作等问题，自愿结成战略合作伙伴关系，乙方为甲方提供业务资源，协助甲方完成业务与业绩，实现甲乙双方与客户方的多赢局面。

二、乙方为甲方提供业务机会时，应严格保守甲方与客户方的商业秘密，不得因己方原因泄露甲方或客户方商业秘密而使甲方的商业信誉受到损害。

三、甲方在接受乙方提供的业务机会时，应根据自身实力量力而行，确实无法实施或难度较大、难以把握时应开诚布公、坦诚相告并取得乙方的谅解或协助，不得在能力不及的情况下轻率承诺，从而使乙方与客户的关系受到损害。

四、乙方为甲方提供企业管理咨询业务机会并协助达成的，甲方应支付相应的信息资源费用。费用支付的额度视乙方在业务达成及实施过程中所起的作用而定，原则上按实际收费金额的一定百分比执行，按实际到账的阶段与金额支付，具体为每次到账后的若干个工作日内支付。

五、违约责任。

1. 合作双方在业务实施过程中，如因己方原因造成合作方、客户方商业信誉或客户关系受到损害的，受损方除可立即单方面解除合作关系外，还可提出一定数额的经济赔偿要求。同时，已经实施尚未结束的业务中应该支付的相关费用，受损方可不再支付，致损方则还应继续履行支付义务。

2. 甲方在支付信息资源费用时，如未按约定向乙方支付款项的，每延迟一天增加应付金额的 5%，直至该笔金额的全额支付完毕为止。

六、争议处理：如发生争议，双方应积极协商解决，协商不成的，受损方可向杭州市仲裁委员会申请仲裁处理。

七、本协议有效期暂定一年，自双方代表（乙方为本人）签字之日起计算，即从＿＿＿＿年＿＿月＿＿日至＿＿＿＿年＿＿月＿＿日止。本协议到期后，甲方应付未付的信息资源费用，应继续按本协议支付。

八、本协议到期后，双方均未提出终止协议要求的，视作均同意继续合作，本协议继续有效，可不另行续约，有效期延长一年。

九、在本协议的执行过程中，双方认为需要补充、变更的，可订立补充协议。补充协议与本协议具有同等法律效力。补充协议与本协议不一致的，以补充协议为准。

十、本协议经双方盖章后生效。本协议一式两份，甲乙双方各持一份，具有同等法律效力。

甲方：＿＿＿＿＿＿＿＿＿

乙方：＿＿＿＿＿＿＿＿＿

代表签字：(公章)

签字：(公章)

签约地点：

签约日期：

炼成指南

凭证类公文我们也可以理解为契约类公文，在写作的时候需要格外谨慎，因为其往往承载着较大的经济责任。

第 7 章
规章类公文：陈言务去，推动工作有序运转

"仁圣之本，在乎制度而已"，不仅是人，每个机关组织都需要规章制度的约束。而规章类公文是机关组织制定出来的具有约束力的公文，主要包括规定、办法、条例、细则四种类型，可以约束机关组织成员的行为，使社会有序运转。

7.1 规定

规定是使用范围最广、频率最高的一种规章类公文，具有较强的约束力，本节将介绍规定的有关内容。

7.1.1 什么是规定

规定是为特定范围内的工作和事务制定的具有约束性措施的应用文体。

规定带有法规性，各类机关都可以根据法律政策，在职权范围内进行制定。它对相关人员的行为行进约束，在其职权范围内具有强制性，在执行的过程中不允许出现偏差。规定的内容都比较具体，实际操作性很强。

规定具有明显的规章类公文的特征，包括以下几个方面。

1）规范性。规定的制定有着一套既定的流程，需要经过严格的审批和正式公布才能产生实际效力。

2）约束性。这是规定的天然属性，具有极强的约束性，并且在一定范围内不可被打破。

3）一般性。规定的一般性是指其覆盖范围内的组织、人员以及相关的事项是普遍的。

前面说到制定规定有一套既定的流程，那么，在这套既定的流程下，又需注意哪些事项呢？

1. 制定规定的条件

在制定规定时，其范围内存在的某些问题必须是有调整的必要的，其中包括立法条件的成熟、内容具有相对稳定性、存在的问题基本明朗、规定的具体内容具有可操作性和可行性。

2. 不能和法律相冲突

规定的内容不能与相关的法律法规和上级机关的指导意见存在冲突。因为在某一范围内制定相关的规定具有法律延伸的效果。

3. 具有系统性且易于理解

规定的内容必须具有系统性并且易于理解。具体而言，规定必须对其职权范围内组织和个人的行为提供标准和方向，要能够使涉及的组织和人员无障碍地理解。

4. 合适的发布形式

这一点主要根据规定的具体内容和在其职权范围内的执行力度，准确地规定发布等级、形式，明确发布时间和生效时间。

5. 具有科学性

规定的内容要科学合理。要想保持规定的权威性，规定的内容就一定要科学严谨并符合实际。

7.1.2　规定的写作技巧

在写作规定的过程中，对于技巧的掌握可以使撰写人员更加游刃有余。这里给大家分享一些写作技巧。

规定具有极强的约束力，主要是为了贯彻落实相关的法律法规而制定的，所以在其内容和结构的安排上，应该把原则性的内容放在前面，然后再进行相关的陈述，并且内容的排列应该主次分明，使得整个规定的内容结构清晰。

规定的内容应该具有较强的针对性，并且易于操作。除此之外，在语言上，规定应该做到准确具体、简明扼要，在保持其严肃性的前提下，做到易懂、易学、易执行。

【案例分享：规定】

道路交通安全违法行为处理程序规定（节选）

第一章　总　则

第一条　为了规范道路交通安全违法行为处理程序，保障公安机关交通管理部门正确履行职责，保护公民、法人和其他组织的合法权益，根据《中华人民共和国道路交通安全法》及其实施条例等法律、行政法规制定本规定。

第二条　公安机关交通管理部门及其交通警察对道路交通安全违法行为（以下简称违法行为）的处理程序，在法定职权范围内依照本规定实施。

第三条　对违法行为的处理应当遵循合法、公正、文明、公开、及时的原则，尊重和保障人权，保护公民的人格尊严。

对违法行为的处理应当坚持教育与处罚相结合的原则，教育公民、法人和其他组织自觉遵守道路交通安全法律法规。

对违法行为的处理，应当以事实为依据，与违法行为的事实、性质、情节以及社会危害程度相当。

第二章　管　辖

第四条　交通警察执勤执法中发现的违法行为由违法行为发生地的公安机关交通管理部门管辖。

对管辖权发生争议的，报请共同的上一级公安机关交通管理部门指定管辖。上一级公安机关交通管理部门应当及时确定管辖主体，并通知争议各方。

......

第八章　附　则

第七十七条　本规定中下列用语的含义：

（一）"违法行为人"，是指违反道路交通安全法律、行政法规规定的公民、法人及其他组织。

（二）"县级以上公安机关交通管理部门"，是指县级以上人民政府公安机关交通管理部门或者相当于同级的公安机关交通管理部门。"设区的市公安机关交通管理部门"，是指设区的市人民政府公安机关交通管理部门或者相当于同级的公安机关交通管理部门。

第七十八条　交通技术监控设备记录的非机动车、行人违法行为参照本规定关于机动车违法行为处理程序处理。

第七十九条　公安机关交通管理部门可以以电子案卷形式保存违法处理案卷。

第八十条　本规定未规定的违法行为处理程序，依照《公安机关办理行政案件程序规定》执行。

第八十一条　本规定所称"以上""以下"，除特别注明的外，包括本数在内。

本规定所称的"二日""三日""五日""七日""十日""十五日"，是指工作日，不包括节假日。

第八十二条　执行本规定所需要的法律文书式样，由公安部制定。公安部没有制定式样，执法工作中需要的其他法律文书，各省、自治区、直辖市公安机关交通管理部门可以制定式样。

第八十三条　本规定自2009年4月1日起施行。2004年4月30日发布的《道路交通安全违法行为处理程序规定》（公安部第69号令）同时废止。本规定生效后，以前有关规定与本规定不一致的，以本规定为准。

7.2　办法

作为规章类的公文，办法是一种比较常见的文种，本节我们就一起来学习有关办法的内容。

7.2.1　什么是办法

办法是国家行政主管部门为贯彻某一法令或开展具体工作而制定的公文种类。

办法主要规定相关工作的具体实施环节，包括方法、步骤和措施等方面的内容。根据办法的性质和内容，可以将其分为工作管理办法和实施文件办法。

不论哪种办法，都无法脱离其本质，即为了贯彻落实某一项法令或进行某项工作提出的具体规定。因此办法的主要特征表现为其内容必须是具体的，要能够在实际中具有可操作性。

7.2.2　办法的写作技巧

办法最大的特点就是实操性强，因此在写作上十分讲求务实，在写作过程中应该根据具体内容来调整写作方式。

当办法的内容比较庞杂的时候，应该先搭好内容框架。根据办法的特点一般将内容分为三部分，即总则、分则和附则。总则主要介绍制定办法的原因、目的、指导思想和适用范围；分则用于说明该办法的具体条款、实施步骤、具体措施等；附则主要是对办法的补充说明，如特殊规定、补充条款等。

当办法的内容比较简单的时候，可以直接以条款的形式来进行写作。在撰写时把总览全局的内容放在前面起到总则的作用，随后进行相关细节规定的撰写。这种写作方式的优势是当条下还包括多项内容时，可以分款介绍。

【案例分享：办法】

湖北省餐厨垃圾管理办法（节选）

第一条　为了加强餐厨垃圾管理，保障食品安全，促进餐厨垃圾资源化利用和无害化处理，根据《中华人民共和国固体废物污染环境防治法》《中华人民共和国循环经济促进法》等法律、法规，结合本省实际，制定本办法。

第二条　本省实行餐厨垃圾集中管理的行政区域，餐厨垃圾的投放、收集、运输、处置等活动适用本办法。

本办法所称餐厨垃圾，是指从事餐饮服务、集体供餐等活动的单位和个体工商户（以下称"餐厨垃圾产生单位"），在生产经营过程中产生的食物残余和废弃食用油脂。

第三条　餐厨垃圾管理遵循减量化、资源化、无害化原则，实行单独投放、统一收集、专业运输、集中处置。

第四条　省人民政府住房和城乡建设主管部门负责全省餐厨垃圾的监督管理工作，设区的市、县级人民政府确定的工作部门（以下称"餐厨垃圾管理部门"）具体负责本行政区域内餐厨垃圾的管理。

县级以上发展改革、财政、农业农村、生态环境、市场监督管理等行政部门在各自的职责范围内，做好餐厨垃圾的相关管理工作。

第五条　县级以上人民政府应当将餐厨垃圾的集中管理经费纳入本级财政预算。

第六条　餐厨垃圾属于生活垃圾，依法实行垃圾排放收费制度。

（资料来源：湖北省政府网站）

7.3 条例

条例是法律的表现形式之一，一般只是对特定社会关系作出规定。

7.3.1 什么是条例

条例是由其相关的组织机关制定的，是用来规定某些事项或带有规章秩序性质的文件，因此条例也具有法规的性质。

正是由于条例具有法规的性质，因此条例的内容一般都是以法律为依据来制定的。这使条例具有强制性和权威性。

条例的使用范围比较广泛，其涉及的领域也非常广泛，比如政治、经济、医疗、民生等，凡是需要对相关组织和人员进行规范性约束的，都可以使用条例。

7.3.2 条例的写作技巧

条例的写作技巧和办法大同小异，但是因为条例具有法律效力，所以在写作的过程中还需要注意很多问题，具体情况如下。

1. 制定者的身份

条例对制定者的身份是有特殊要求的，必须是受国家最高权力机关或行政机关委派的组织才能制定相关条例。其他的政府部门和企事业单位等组织是不能用条例行文的，这也是条例与其他规章类公文有所区别的地方。

2. 条例的生效条件

在撰写条例的过程中，有关其具体的生效条件是需要明确表达出来的。

比如时间条件和空间条件，部分条例自公布之日起生效，而有的条例在公布之后一定时间后生效，并且其生效还有一定的范围，比如某项条例只针对相应的行业，在其他行业内该条例就不适用了，以此类推。

3. 什么内容可以写进条例

对于条例的每条内容都需要严格把关，条例的内容是权威的、严肃的、具有法律效力的，所以不允许不符合条例规范的内容出现在条例中。

【案例分享：条例】

中国共产党党和国家机关基层组织工作条例（节选）

（2010 年 4 月 21 日中共中央政治局常委会会议审议批准 2010 年 6 月 4 日中共中央发布 2019 年 11 月 29 日中共中央政治局会议修订）

第一章　总　　则

第一条　为了深入贯彻习近平新时代中国特色社会主义思想，贯彻落实新时代党的建设总要求和新时代党的组织路线，坚持和完善中国特色社会主义制度、推进国家治理体系和治理能力现代化，切实加强和改进机关党的工作，充分发挥机关基层党组织作用，推动机关治理和各项事业发展，根据《中国共产党章程》和有关党内法规，制定本条例。

第二条　机关基层党组织在上级党的委员会或者党的机关工作委员会和本单位党组（党委）（包括不设党组、党委的单位领导班子，下同）领导下，协助本单位负责人完成任务，改进工作，对包括本单位负责人在内的每个党员进行教育、管理、监督，不领导本单位业务工作。

第三条　机关基层党组织必须高举中国特色社会主义伟大旗帜，以马克思列宁主义、毛泽东思想、邓小平理论、"三个代表"重要思想、科学发展观、习近平新时代中国特色社会主义思想为指导，坚持党的基本理论、基本路线、基本方略，增强"四个意识"、坚定"四个自信"、做到

"两个维护"，以党的政治建设为统领，以提升组织力为重点，以党支部建设为基础，全面提高机关党的建设质量，在深入学习贯彻习近平新时代中国特色社会主义思想上作表率，在始终同以习近平同志为核心的党中央保持高度一致上作表率，在坚决贯彻落实党中央各项决策部署上作表率，建设让党中央放心、让人民群众满意的模范机关，促进本单位各项工作任务的完成。

（资料来源：中国政府网）

7.4　细则

细则是所有规章类公文中对相关要求描述最具体、最具有可操作性的一种公文，本节将介绍细则的具体内容。

7.4.1　什么是细则

从本质上来说，细则是从法律、法规和规章中衍生出来的，是其内容的细化和具体的操作流程，所以细则具有规范性、细致性和针对性。

在细则的具体写作上，可以根据细则的使用情况、内容性质对细则的具体内容进行划分。按使用情况划分，细则包括全面实施细则、部分实施细则和地方实施细则。按内容性质划分，包括规范性细则和说明性细则。

7.4.2　细则的写作技巧

细则的整体结构和办法相似，也分为总则、分则和附则，具体内容也和办法相似。虽然两者在内容架构上相似，但是在具体的写作中还需要注意内容和技巧的结合。具体如下。

1）把握条款的依据性。因为细则是相关法律、法规的延伸，所以必须把握好细则内容的依据性，不能随意更改、删减。

2）紧密贴合相关内容。在撰写细则的过程中，不仅应该以上级机关的规章制度为依据，还应该将文件中的具体措施和方法与工作中的实际结合起来，确保细则的可操作性。

3）条款的逻辑性。在撰写细则时，需要按照严格的逻辑顺序，把具体措施交代清楚。这需要细则在内容上有一个合理的架构。

4）明确细则的职权范围。细则都是在相关法律需要的情况下出台的，其覆盖的范围也是相关法律文件所赋予的，所以在写作前，撰写人员一定要弄清细则权限的覆盖范围。

5）准确与细致。顾名思义，细则就是要将相关事项细致交代，就是说文件中相关的具体措施和操作规范一定要具体而详细，并且在文字的表达上也要具体，这样才便于一线人员的理解和操作。

【案例分享：细则】

中华人民共和国反间谍法实施细则（节选）

第一章　总　则

第一条　根据《中华人民共和国反间谍法》（以下简称《反间谍法》），制定本实施细则。

第二条　国家安全机关负责本细则的实施。

公安、保密行政管理等其他有关部门和军队有关部门按照职责分工，密切配合，加强协调，依法做好有关工作。

第三条　《反间谍法》所称"境外机构、组织"包括境外机构、组织在中华人民共和国境内设立的分支（代表）机构和分支组织；所称"境外个人"包括居住在中华人民共和国境内不具有中华人民共和国国籍的人。

第四条 《反间谍法》所称"间谍组织代理人",是指受间谍组织或者其成员的指使、委托、资助,进行或者授意、指使他人进行危害中华人民共和国国家安全活动的人。

间谍组织和间谍组织代理人由国务院国家安全主管部门确认。

第五条 《反间谍法》所称"敌对组织",是指敌视中华人民共和国人民民主专政的政权和社会主义制度,危害国家安全的组织。

敌对组织由国务院国家安全主管部门或者国务院公安部门确认。

第六条 《反间谍法》所称"资助"实施危害中华人民共和国国家安全的间谍行为,是指境内外机构、组织、个人的下列行为:

(一)向实施间谍行为的组织、个人提供经费、场所和物资的;

(二)向组织、个人提供用于实施间谍行为的经费、场所和物资的。

第七条 《反间谍法》所称"勾结"实施危害中华人民共和国国家安全的间谍行为,是指境内外组织、个人的下列行为:

(一)与境外机构、组织、个人共同策划或者进行危害国家安全的间谍活动的;

(二)接受境外机构、组织、个人的资助或者指使,进行危害国家安全的间谍活动的;

(三)与境外机构、组织、个人建立联系,取得支持、帮助,进行危害国家安全的间谍活动的。

(资料来源:中国政府网)

炼成指南

规章类公文是建立在相关法律法规基础上的,因此在写作此类公文的时候需要有依据。

第 8 章
计划类公文：条理清晰，针脚密、阵脚稳

《礼记·中庸》有言："凡事预则立，不预则废。"做好事情的第一步便是制定计划。计划在工作中起到先导作用，最常见的计划类公文主要有计划和规划两种，这两种公文可以提升工作的目标性和方向感，还能帮助工作人员及时复盘，从而提升组织的工作能力。

8.1　规划

人们常常说人生需要规划、事业需要规划、家庭同样需要规划，那么在公文中规划究竟有哪些特点，又该如何撰写规划，本节内容将揭晓这一答案。

8.1.1　什么是规划

公文中，规划是相关的组织和机构对某一事项做出全面的、长远的安排时所使用的文件形式。具有总体性、方向性、长远性的特点。

1. 总体性

规划是对某一事项或工作在宏观上的布局，往往从全局出发，而不是对某一方面或者某一部分做出具体指示，这就体现了规划的总体性。

2. 方向性

规划一般要对其范围内的组织和人员确定目标、指明方向。尽管这只是一种对未来的设想，但这能使其范围内涉及的组织和人员能够心往一处想、劲往一处使。如果规划的内容没有明确一个统一的发展方向，那么规划就无法发挥导向的作用。

3. 长远性

规划的长远性主要体现在其完成的时间上，因为规划涉及的内容都不是短时间内能够完成的。所以规划往往是具有前瞻性的，这也是规划具有长远性的一种表现。

规划的性质决定了规划的作用，在一般情况下规划具有以下作用。

1．指导作用

规划是建立在科学调查和研究的基础上的，是经过反复论证和严格审查的，规划的内容是值得相信的，并且规划的目标都是有针对性的，指出了范围、给出了任务、提出了具体办法，具有强烈的指导作用。根据规划的指导，可以使工作的条理更加清晰，避免出现蛮干、乱干的现象。

2．保障作用

一份好的规划，既体现了其拟定组织的能力和水平，也是其管理落地生根的表现。只有认真贯彻落实相关的规划，才有可能保障相关的部门和人员在合理的轨道上发展。

3．鼓舞作用

规划向人们展示的是美好的、理想的未来，可以使人们产生向往并充满希望。因此，规划具有极大的吸引力，能鼓舞和激励人们为实现规划中的目标而努力奋斗。

8.1.2　规划的写作

规划通常由标题、正文、落款、附件四个部分组成，其中正文部分是写作的重点，主要由三部分内容构成，具体写作如下。

1．情况和依据

这部分内容主要说明制定规划的背景、依据以及目的，在写作的过程中，需要撰写人员结合过往的经验和实际情况进行分析，并进行科学的论证，以表明规划具有可行性。

2. 目标和任务

目标和任务作为核心内容，是激励相关组织和人员团结奋进的希望。目标和任务要写得具体、明确，结构上要突出重点、主次分明，设立的目标要分阶段、划大小，将宏观的规划化整为零，使目标聚沙成塔。

3. 具体措施

这部分内容主要是为达到目标和完成任务所采取的具体措施和方法。这是实施规划的具体操作指南，要针对规划中所规定的目标和任务，告诉具体的实施者如何去完成规划中的目标和任务，因此这部分要写得具体、详细、可操作性强。在撰写的过程中，还需要结合具体的目标和任务来有针对性地写作，避免出现因为缺少相关措施而导致规划的目标和任务无法完成的情况。

【案例分享：规划】

粤港澳大湾区气象发展规划（2020－2035年）（节选）

粤港澳大湾区（简称大湾区）包括广东省广州市、深圳市、珠海市、佛山市、惠州市、东莞市、中山市、江门市、肇庆市，香港特别行政区和澳门特别行政区，是我国开放程度最高、经济活力最强的区域之一，也是典型的气候脆弱区，台风、暴雨、雷电、大风、高温等灾害性天气多发。气象工作关系到人民福祉安康和社会和谐稳定，关系到经济健康持续发展，关系到大湾区发展、"一带一路"建设全局。

为全面贯彻党的十九大精神和"一国两制"方针，依据《粤港澳大湾区发展规划纲要》和《国务院关于加快气象事业发展若干意见》，围绕建设富有活力和国际竞争力的一流湾区和世界级城市群，统筹构建现代气象监测预报预警服务体系，最大限度地保护人民生命财产安全和提高生态文明水平，协同推进气象强国建设，加快提高中国气象的国际影响力和在共建人类命运共同体中的地位和作用，编制本规划。

本规划是大湾区气象事业发展的行动纲领和重要依据。规划近期至2025 年，远期展望到 2035 年。

（资料来源：气象局网站）

8.2 计划

一个合理的计划能够帮助人们有序地完成相关事务，甚至收到事半功倍的效果。在公文中计划也起到这样的作用，本节内容我们一起来学习一下跟计划相关的内容。

8.2.1 什么是计划

计划是人们脑海中对工作的设想，即在工作开展之前制定的关于具体内容和步骤的公文。具体来说，计划是相关组织、个人对未来一段时期或下一阶段内的全面工作或某项工作提出目标、要求以及实现目标、达成要求的措施、方法的文字材料。

作为一种预先拟定的事务性文件，计划具有以下三个特点。

1. 目标性

所有的计划都有一个既定的目标，这是计划的核心，更是一个计划能被称为计划的重要原因。

2. 预见性

作为对未来工作的一种设想，计划的撰写是建立在大量的前期准备和分析研判的基础上的，这样计划的内容才具有可行性，才不会出现无法完成的情况。

3. 鼓动性

计划明确规定了相关的组织和人员在某一特定时期内的工作、生活、学习目标，为了确保这些目标的实现，计划还应该提出实现目标的具体方法和措施，使执行计划的人能够认识到计划的科学性，指导人们如何去完成计划，这样人们才更愿意去执行计划。

计划的种类有很多，根据不同的标准可以划分成多种不同的类型。虽然计划的类型繁多，但是其发挥的作用都是一致的。

1. 提高工作效率

计划有利于降低工作中的盲目性和随意性，从而提高工作效率。任何组织或者个人在开始下一阶段或是开展某项新的工作之前，如果能够制定相应的工作计划，在开展工作的时候就会井井有条，不会出现"打乱仗"的情况，进而提高工作效率。

2. 提高协调性

将制定好的工作计划及时上报或下发给相关的组织或个人，能够让他们及时地了解工作情况并对相关工作产生合理的预期，当工作中遇到问题或是计划实施存在困难的时候可以高效率地向相关各方请求帮助和支持，使计划能够顺利实施，进而圆满完成任务。

3. 有利于检查工作、总结经验和改进工作

计划是对相关组织或个人在一定时期内工作的具体要求，对计划执行情况的检查有利于上级机关和自身及时发现问题并解决，同时也是重要的考核依据。在执行计划的过程中，不论是组织还是个人都会遇到一些新的

问题和情况，处理这些新的问题和情况的过程，就是总结新的经验和改进工作方法的过程。

8.2.2　计划和规划的区别

计划和规划都属于计划类公文，两者之间存在很多相似之处，但是两者也有很多不同之处。

1）两者虽然都是对未来某个时期内的活动做出的安排和规定，但是规划侧重于宏观层面，主要作用是指明方向。而计划的内容更为具体，针对性更强，涉及的事项比较单一。

2）计划在时间上更短，通常只能覆盖到规划的某一个时间段或者某一项具体目标，不具备规划的长远性。

3）规划是全面性的，具有统筹全局的作用。而计划是阶段性的，是具体的操作指南。

4）规划展示的是对未来的期许，鼓励人们为了未来美好的生活而奋斗。而计划注重实效，通过约束人们的行为来完成规定的任务。

5）在写作方法上，规划往往从宏观层面着手，注重对大方向的把控，具有高度的概括性。而计划更注重实际操作，具体的内容安排得更为细致、具体。

8.2.3　计划的写作

在写作计划的过程中，需要注意以下三个方面的问题。

1. 结合实际

根据计划的具体内容，一方面，对上级机关的政策、规定以及相关要求需要有透彻的了解；另一方面，也需要公文撰写者全面了解自己所在单

位和相关部门以及一线的实际情况，然后贴合实际与现实要求来进行
拟定。

2. 切实可行

能够具体实施的计划才能称之为计划，否则就是空谈。因此在制定计
划前需要经过充分的可行性论证，来保证工作计划的可行性。

3. 语言简明扼要

在语言表达上，计划要简单明了。因为计划是给未来的工作提供具体
的指导和方向的公文，所以要让人看懂，以便落实具体工作。因此，需要
通过精确的语言来表达计划的内容。

【案例分享：计划】

推进互联网协议第六版（IPv6）规模部署行动计划

为贯彻落实党中央、国务院关于建设网络强国的战略部署，加快推进
基于互联网协议第六版（IPv6）的下一代互联网规模部署（以下简称IPv6
规模部署），促进互联网演进升级和健康创新发展，根据《国民经济和社
会发展第十三个五年规划纲要》、《国家信息化发展战略纲要》、《"十三
五"国家信息化规划》，制定本行动计划。

一、重要意义

互联网是关系国民经济和社会发展的重要基础设施，深刻影响着全球
经济格局、利益格局和安全格局。我国是世界上较早开展IPv6试验和应用
的国家，在技术研发、网络建设、应用创新方面取得了重要阶段性成果，
已具备大规模部署的基础和条件。抓住全球网络信息技术加速创新变革、
信息基础设施快速演进升级的历史机遇，加强统筹谋划，加快推进IPv6规
模部署，构建高速率、广普及、全覆盖、智能化的下一代互联网，是加快

网络强国建设、加速国家信息化进程、助力经济社会发展、赢得未来国际竞争新优势的紧迫要求。

（一）互联网演进升级的必然趋势

……

二、总体要求

……

三、重点任务

……

四、实施步骤

……

五、保障措施

（一）加强组织领导。建立网信、发展改革、工业和信息化、教育、科技、公安、安全、新闻出版广电等部门协同推进机制，强化统筹协调，明确责任分工，加强部门、行业、区域间合作，扎实推进行动计划落地实施，研究推进 IPv6 规模部署工作的重点任务。健全专家咨询制度，充分发挥调查研究和决策咨询作用，提供高质量咨询意见。鼓励行业组织和第三方机构广泛参与，完善政企间沟通协调机制。

……

（资料来源：中国政府网）

炼成指南

在具体工作中，计划和总结往往是放在一起的，所以在写作的过程中对撰写人员的大局观有很高的要求。

第 9 章

讲话类公文：言之有物，理论不在半空中

讲话类公文，是一级机关、一级组织的代表者就重要工作、重要问题，在公开场合下提出的指导性意见。主要包含发言稿、述职报告、开幕词、闭幕词和答谢词、欢迎词等。讲话类公文代表了一级机关、一级组织的意志。因此，讲话类公文写作水平的高低，往往代表着公文撰写者的公文写作水平。

9.1 发言稿

撰写发言稿是一项有挑战性的工作，因为发言稿会直接送至上级机关甚至给主要领导审阅，会面临很大的精神压力。但是如果掌握了发言稿的写作技巧，那么这些问题就迎刃而解。本节我们来学习发言稿的相关知识。

9.1.1 什么是发言稿

通常情况下，人们对发言稿的理解是在会议或公开场合下，为了进行发言而准备的稿子。发言稿包含三个要件，即发言主体、对象和内容，其中内容是公文撰写者需要把握的重点，也是最需要学习的。想要写好发言稿的内容，就必须先清楚发言稿的特点。发言稿的具体特点如下。

1. 内容具有针对性

发言稿的针对性是根据其环境和具体时间展现出来的，其内容都是围绕着会议或者活动的主题展开的，或者始终围绕主题提出自己的意见、观点。

需要根据不同的场合来调整发言稿的内容，因此在拟稿前需要撰写人员弄清相关背景，使文稿更具针对性。例如，在撰写领导的发言稿时，其内容应该基于领导的意志。

发言稿还要针对受众，而不是自说自话，因此需要了解现场的人员构成。

2. 语言要得体

在语言文字方面，发言稿需要满足两个要求，即能够清晰地表达和易于受众快速接受。语言要准确、生动并适合现场环境和整体氛围。

3. 互动性

发言稿的发表，往往是在讲话者与受众面对面的情况下进行的，双方可以互相进行交流。所以在撰写的过程中，撰写者还应该注意其在发表时能与受众形成良好的互动。

根据发言稿内容的不同，可以将发言稿分为工作类发言稿和非工作类发言稿。

工作类发言稿是针对工作而言的，内容通常是关于工作的总结、计划、任务以及目标等和工作密切相关的事情。

非工作类发言稿的形式和种类有很多，比如开幕词、欢迎词、答谢词等，都是适合特定的场合的。非工作类的发言稿更倾向于情感和参会目的的表达，其内容也是丰富多样的。

9.1.2　发言稿的写作

本节的开头就明确表达了发言稿的写作对大多数人而言是充满挑战的。发言稿写好了非常有利于职业发展。正是因为这样，才会让撰写人员产生写好一篇发言稿很难的错觉。在这里笔者结合自身听到、看到、学到以及总结的一些经验来进行分享。

1. 写好发言稿的技巧

不论写任何公文都需要符合基本要求，写发言稿也不例外。因此，一篇合格的发言稿首先就需要符合一篇公文的基本要求，就是层次分明、逻辑严谨、语言流畅。这是写好一篇发言稿的基本要求，也是写任何公文时都需要做到的。

在语言上，发言稿的写作要满足公文写作的要求，符合公文写作的规范，不能偏离公文写作的要领。即使存在文学性的表达，也不能背离公文的中心思想。严格来讲，发言稿属于公文的范畴，公文是要对相关政策、工作部署做出反应的，发言稿是公文的一种，也应当遵循这一要求。

发言稿要符合发言人的身份，符合发言人在讲话时的心理预期，要把发言人希望表明的问题写清楚，这是对发言稿写作的一般要求。通常情况下，发言人是领导，因此在写发言稿时，需要了解领导的想法和语言习惯。

2. 发言稿的写作流程

通常情况下，发言稿都是写给发言人的，当发言人需要公文撰写者草拟初稿的时候，公文撰写者一般需要给发言人提供相应的提纲或者原始稿件，然后由发言人提出修改意见或自己修改，这种情况下发言稿可能还会返还到公文撰写者的手里，这为公文撰写者提供了一个从修改中学习的机会，促使公文撰写者不断提高自己的水平。

3. 发言稿的写作要领

发言稿的写作要领有很多，这里列举常用的三个（见图9-1）。

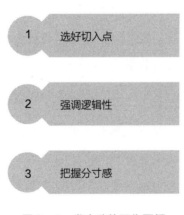

1	选好切入点
2	强调逻辑性
3	把握分寸感

图9-1　发言稿的写作要领

（1）选好切入点

这是在新闻写作中常用的一种手法，有一个好的开头，文章就成功了一半，发言稿也是如此。发言稿从什么地方切入，整个稿子就可以沿着这个切入点展开。以工作类发言稿为例，工作类发言稿需要相关的政策作为指导依据，所以在写作时可以以相关政策为切入点，搭建起整个发言稿的框架，这种方法不仅使发言稿有了一定的理论高度和依据，也使得发言稿能够让听众更为信服。

（2）强调逻辑性

所有的公文都要有较强的逻辑性，发言稿更是如此。因为发言稿不是一个在机关中流传的文件，发言稿发布的过程更是一个不可逆转的过程，所以在写作发言稿的时候需要不断排查逻辑错误，以求在发言时呈现出来的发言稿是逻辑严谨的。

（3）把握分寸感

这个分寸是由发言人的身份确定的，发言稿的写作要与发言人的身份相适应，公文撰写者要合理地把握分寸，定位要合理，更不能把发言人放在错误的位置上。

【案例分享：发言稿】

湖北××建设集团董事长×××在鲁班奖
表彰大会上的发言

尊敬的各位领导、专家和同仁们：

大家下午好！

我是来自湖北宜昌的×××。非常荣幸，能代表本届鲁班奖获奖企业在这里发表感言。接到通知的那一刻，我很惊讶，也很忐忑。××集团不过是一家名不见经传的中小企业，何以登上中国建筑质量最高奖的领奖台？静下心来想一想，我找出了三个理由。

其一，中小民企也能打造出高水平的精品工程。国企固然是大国工匠的主力军，中小民企也是重要的一股力量！据统计，民企在国民经济发展中创造了80%的就业岗位，占据了全国企业数量的90%。而民企尽管得到鲁班奖很不容易，但道路是畅通的，大门是敞开的！应该说，党和政府对民企的关怀无处不在。习总书记说："民营企业和民营企业家是我们自己人"；湖北省住建厅在申报和排名上，对国企和民企一视同仁；专家组在评审中公正客观。可以说，在鲁班奖的评选过程中，我们中小民企拥有和大型国企一样的平台，享有同等的机遇！

其二，鲁班奖的获得源于梦想、激情和奋斗！××集团的获奖项目，是从中标之日起就有了获得鲁班奖的强烈渴望。××集团成立15年来，坚持总部集中管控的直营模式，非常注重精细化管理，培养了一批精益求精、手艺过硬的建筑工匠，其匠心文化也渗透到企业管理的方方面面。在项目建设的两年时间里，项目部仔细揣摩每一个细节，做到先谋后施、一次成优。同时，宜昌市住建局在绿色施工、科技创新等方面给予了全方位的指导和把关，凭着追求卓越的奋斗精神和创新进取的豪迈情怀，我们实现了鲁班梦！记得专家组在复查时，给出的评价是十八个字：精耕细作的工匠精神，整体均衡的扎实功底。在此，我特别想和大家分享的是：××集团对建筑品质的追求是永无止境的，这也正是鲁班奖优中选优的魅力所在。

其三，鲁班奖带给我们的不仅仅是荣耀，更是沉甸甸的社会责任。获得鲁班奖后，我们造好房子的愿望更加强烈，为此，我们投资兴建了装配式建筑生产基地，组建了设计团队，成立了建筑产业工人培训学校，同时，依托信息化和智能化管理手段，不断提升建筑全产业链能力，此举得到了宜昌市住建局的大力支持和充分肯定！我相信，每一家获得鲁班奖的企业，都对建筑品质的内涵有着深刻的理解，都在致力于打造一个又一个更具含金量、含绿量和含新量的建筑精品！

各位领导、专家和同仁们，我们都是幸运的，也是了不起的！我们赶上了改革开放的大好时代，更是凭借鲁班奖谱写了一个又一个建筑传奇！天下建筑一家亲，让我们携起手来，共同努力，在中国高质量发展的大背景下，完成更多无愧于伟大时代的经典工程！

谢谢大家！

9.2　述职报告

述职报告是在我国人事制度改革和公务员制度推行的背景下产生的，如今被人们越来越重视。虽然述职报告以报告的形式呈现在人们的面前，但是其发布形式也有发言的成分，这也就是笔者将述职报告归类于讲话类公文范畴的原因。

9.2.1　什么是述职报告

通常意义上，述职报告是各级官员向上级领导和员工报告自己在一定的任期内工作情况的一种文稿。在实际工作中，述职报告已经被用在了各类组织机构和企业中。

述职报告之所以能够被各类组织机构和企业用在日常管理当中，和述职报告的作用有很大的关系，那么述职报告究竟有哪些作用呢？

1. 展现述职者的能力

述职的过程是一个很好的展现个人能力的过程。

2. 锻炼的机会

不论是文字能力、语言表达能力还是临场应变能力，在述职的过程中能得到相应的锻炼，并且在撰写述职报告的过程中，还需要对照相应的文件和规则总结自己的工作成果和经验，这是一个自我提高的过程。

9.2.2 述职报告和总结的区别

述职报告和总结都是对工作成果和经验的总结，都能够帮助述职人员提升自己，因此在写作的过程中会出现将两者混淆的情况，我们来看看两者有什么区别。

1. 使用人员不同

述职者必须是任职的官员，而总结是任何人都可以写。因为述职只是针对官员在任职期间的工作汇报，不是所有人都能使用述职报告这种公文文体的。

2. 时间范围不同

述职报告覆盖的时间范围是根据述职者的任职周期来确定的，可以是一段时间，也可以是一个任期。而总结可以基于一个时间段的工作情况，也可以是针对某一项具体的事务，总之两者在时间范围上有很大的差别。

3. 表达方式不同

述职报告是以讲话或者演讲的形式发布的，而总结多数以文字的形式呈现出来。

9.2.3 述职报告的写作

述职报告是向领导和现场其他人员展示自己的重要材料，关系到述职者的职业生涯和未来发展，那么在撰写述职报告的时候需要注意哪些问题呢？

1．表明成绩，剖析问题

述职者需要将自己的工作业绩写清楚，让现场的人对述职者的能力产生清晰的认知。很多述职者在写述职报告的时候没有理解这一点，往往会加入大量的修饰性或感情类语言，这使述职报告的内容显得空洞，没有说服力。

述职者在撰写述职报告时，要厘清层次，因为述职的时间是有限的。如果述职者将自己任期内的大事小情都事无巨细地罗列出来，这样不仅无法突出自己的优势，还会使现场的人产生反感。因此，在撰写工作业绩的过程中应该突出重点，把最优秀的业绩放在最前面，这样能够在第一时间获得在场人员的肯定。

2．以叙述为主，说明、议论为辅

述职报告是向领导以及相关人员讲述的，主要的目的就是获得他们的认可。

因此在进行述职演讲的时候，不能和现实发生偏离，更不能抬高自己、贬低他人。不论是演讲的内容还是文字材料都应该建立在真实的基础上，阐述具体的事件和案例，不能带有强烈的主观色彩。

当要对某些问题发表议论的时候，一定要根据述职的流程或者领导的提问要求进行。通常情况下，议论环节都是在述职过程的最后，在做总结分析的时候需要进行论证，这是一个将工作业绩进行升华的过程。

【案例分享：述职报告】

销售经理述职报告

各位领导，同志们：

今年我在公司的正确领导和同事们的支持下，按照年初总体工作部署和目标任务要求，认真执行公司的销售工作计划与方针政策，在自己分管的销售范围内认真履行职责，较好地完成了自己的工作任务，取得了一定的成绩。下面根据公司领导的安排和要求，就自己今年的工作情况向领导和同志们做如下汇报，如有不当，请批评指正。

一、取得的成绩

今年，按照公司的战略部署和工作安排，为了拓宽销售渠道，挖掘市场潜力，做大销售业务，树立公司品牌，我和我分管的销售片区的全体销售员团结一致，齐心协力，取得了较好的工作成绩，完成公司下达销售任务的80%。总销售额××万元，其中××片区××万元，××片区××万元，××片区××万元，××片区××万元；回笼资金总计××万元，其中××片区××万元，××片区××万元，××片区××万元，××片区××万元。

二、取得成绩的原因

销售工作是公司的重要工作，在当前市场竞争激烈的情况下尤其如此。我是公司的一名销售经理，要把公司对我的信任、嘱托具体实施到工作中。为此，我以认真、细致、负责的态度去对待工作，力求把各项工作做好，推动全国××片区的整体销售工作又好又快地发展。我主要做了以下五个方面工作。

（一）抓好自身建设，全面提高素质

我分管××片区的销售工作，知道自己责任重大，努力按照政治强、业务精、善管理的复合型高素质人才的要求，加强业务知识学习，特别是学习公司的销售政策与销售工作纪律，把它学深学透，运用到具体实际工作中，以此全面提高自己的业务和管理素质。

（二）做好服务工作，奉献自己的力量

我是负责××片区销售工作的经理，做好服务工作是关键。我把自己看作是销售战线的普通一兵，开动脑筋，想方设法，搞好服务，全面提升销售工作质量，以此扩大销售业务量，为加快公司发展贡献力量。

（三）抓好队伍建设，全力做好本职工作

要搞好销售工作，队伍建设是根本。首先，我切实担负好管理销售员的责任，牢固确立"以人为本"的管理理念，认真听取销售员的意见与建议，以促进销售工作发展。其次，我以自己的率先垂范、辛勤努力，充分调动每个销售员的工作积极性，提高销售员的综合素质，使整个队伍团结一致，齐心协力，把各项工作搞好。

（四）制订考核办法，激励先进

为了鼓励销售员积极工作，扩大销售业务量，为公司创造良好的经济效益，我根据不断发展的销售新形势，结合××片区的实际情况，制订相应的考核办法，激励先进。考核办法充分体现销售员多劳多得的原则，激励销售员充满干劲、认真努力工作，争当先进，在销售工作中做出新成绩，取得新成效。

（五）提高客户认知度，扩大产品消费群体，增强品牌影响力

我要求××片区每个销售员都要树立服务意识，认真细致地为客户做好全方位服务。首先态度要热情大方，服务要细致周到，让客户感到温馨愉悦。同时积极向客户讲解产品的相关知识以及特点，并向客户发放产品的宣传册，使越来越多的客户了解公司的产品，通过公司品牌的良好信誉以及产品独有的吸引力和优质的售后服务，为公司带来更多的客源和业务

量，取得良好的经济效益。

三、存在的不足

1. 业务不够熟悉。搞销售工作必须熟悉产品，这样才能回答客户提出的技术问题，这方面我有欠缺，需要加强学习，努力掌握产品的详细情况。

2. 产品宣传力度不大。我们公司虽然开展了对产品的宣传，但总体来说产品宣传力度不大，主要还是靠上门推销。一些客户对我们公司和产品了解不多，购买时存在顾虑。今后需要加强对产品的宣传，提升我们公司产品的知名度。

3. 工作作风上与销售员联系不够密切。我与销售员的联系、沟通虽然多，但仍然有时了解的情况不够全面。对销售员布置工作多，要求完成任务多，就事论事多，贯彻管理意图多，征求意见、听取建议少。

过去的一年，我认真努力工作，虽然取得了一定的成绩，但是与公司的要求相比，还是需要继续努力和提高。今后，我要继续加强学习，掌握做好销售工作必备的知识与技能，以求真务实的工作作风，创新发展的工作思路，奋发努力，攻坚克难，把销售工作提高到一个新的水平，再创佳绩，为公司又快又好发展做出应有的贡献。

我的述职报告就到这里，谢谢大家！

（资料来源：无忧专网）

9.3 开幕词与闭幕词

开幕词是大型会议或活动开幕式上有关领导和人员对会议或活动所做的开宗明义的短篇讲话。闭幕词是大型会议或活动闭幕式上有关领导和人员对会议或活动所做的总结性的短篇讲话。开幕词与闭幕词在日常工作中使用得非常广泛。

9.3.1　认识开幕词和闭幕词

开幕词是组织机构以及企业的领导和人员在会议或活动开幕时所做的讲话，旨在阐明会议或活动的指导思想、宗旨、重要意义，向与会者提出会议或活动的中心任务和要求。

开幕词通常要阐明会议或活动的性质、宗旨、任务、要求和议程安排等，集中体现了会议或活动的指导思想，起着定调的作用，对引导会议或活动朝着既定的正确方向顺利进行，保证会议或活动的圆满成功，有着重要的意义。

闭幕词着重对会议或活动做出评价，总结会议成果，提出贯彻会议或活动精神的要求和希望，宣布会议或活动胜利结束。闭幕词具有总结性、评估性和号召性。

开幕词和闭幕词是庄重严肃的大型会议或活动的重要内容，它们前呼后应，对会议或活动有序、成功、圆满地完成，起着积极作用。开幕词拉开会议或活动序幕，是会议或活动的序曲；闭幕词则降下会议或活动的帷幕，是会议或活动的终曲。开幕词为会议或活动做好计划；闭幕词则对会议或活动做出总结。开幕词为会议或活动中的报告、讲话、发言定下基调；闭幕词则对开幕词的预想做出检查。开幕词就如一篇文章的开头，要尽量漂亮，激励与会者满怀激情地投入会议或活动；闭幕词则如其结尾要有力，激励与会者认真贯彻会议或活动的精神。

9.3.2　开幕词与闭幕词的写作

1. 开幕词的写作技巧

开幕词拟写者应该严格按照其格式要求拟写，在格式上，应该段落、层次分明，标题、开头语、正文和结语等应该各就其位，并注意段落划分。

2. 闭幕词的写作技巧

和开幕词的写作一样，在闭幕词的写作过程中也应该把握以下技巧。

1）在内容上，闭幕词的写作技巧集中表现在其对整个会议或活动的总结上，即内容的概括性和前后照应。因此闭幕词的内容要具有概括性，且这种概括性应该是准确、得体的，还要能够和前文相呼应，即与开幕词、与会议或活动的主题、与会议或活动的主要问题这三个方面都能衔接上，能找到彼此之间的连接线索。

2）在逻辑上，闭幕词应该有一个明确的层次框架，而不是对文字和段落进行简单组合。因此，从这一角度来说，闭幕词的逻辑安排应该在符合逻辑性的基础上注意重点突出、节奏紧凑和观点集中。

3）在语言的运用上，闭幕词应该使其语言尽量体现出号召性和鼓动性。因此，在撰写闭幕词时，在语言上要做到既庄重得体又激情昂扬。

闭幕词在整体风格上应该充分体现简明性。也就是说，无论是文字、语言，还是写作手法和篇幅，都应该尽量简单明了，呈现出简洁、精练、集中的风格。

9.4 欢迎词与答谢词

中国是礼仪之邦，中国人格外注意与人交往中的礼仪，这使得欢迎词与答谢词成了日常生活中常用的公文形式。

9.4.1　欢迎词

"有朋自远方来，不亦乐乎？"《论语》中的这句话就是在表达对来访者的欢迎，就是欢迎词。一般来说，欢迎词用在接待或招待客人比较正式的场合，是主人方为表示欢迎而在宴会、座谈会等场合发表的讲话。

1. 欢迎词的特征

欢迎词用在表示欢迎这一特定场合中，因而会呈现出两个明显的特征，具体如下。

（1）口语化

口语化是所有讲话类公文的特征，欢迎词也不例外，而且欢迎词本身的特质，令其口语化的程度还要高于其他讲话类稿件。欢迎词是对宾客的讲话，意在拉近与宾客之间的关系，这要求欢迎词在用语方面应更加生活化。

（2）欢愉性

欢迎词是对宾客表示欢迎的讲话，整体上要求营造出一种欢愉的氛围，因而在语言上应该是欢快和充满情感的，力求带给宾客一种"宾至如归"的感觉，从而为接下来的各种活动打下良好的基础。

2. 欢迎词的写作

欢迎词是在社交礼仪场合使用的，在拟写时要特别注意不要失礼和篇幅过长。因此，欢迎词的拟写应该掌握以下技巧：

（1）友好和真诚

在欢迎词的拟写中，友好和真诚应该是第一要义。因此，表达致辞方的友好和真诚是一个非常重要的写作技巧，在己方原则的表述上也要注意这一问题。当双方原则一致时，要热情地赞扬双方坚持这一原则将产生的作用；当双方原则存在分歧时，要巧妙而得体地在不伤害双方感情的情况下表达自己的立场和原则，从而使双方的交往和合作持续稳定地发展下去。

（2）措辞要慎重

在欢迎词的写作中，在措辞方面应该特别注意。首先应该慎重，不要毫无顾忌地信口胡说。其次在一些风俗习惯方面，也应该对来宾表示尊重，避免引起误会。

（3）用语简明扼要

在语言表达方面，欢迎词要注意其简明性，即应该以简明扼要的语言清楚地表达致辞方的欢迎之意，让来宾感受到亲切和自然，不要让来宾产生反感的情绪，这样不利于双方的交往和合作。

（4）篇幅短小

在篇幅上，欢迎词作为一种礼仪上的公关辞令，切忌长篇大论，应该力求简洁有力，一般以两三百字为宜。在这样的篇幅范围内，既能表达致辞方的欢迎之意，又不至于冲淡特定场合的和谐气氛。

【案例分享：欢迎词】

年会欢迎词

尊敬的各位来宾、各位同仁、各位家属、女士们、先生们：

大家晚上好！

古人云：有朋自远方来，不亦乐乎？今天，我们欢聚一堂，共庆丰收的喜悦！首先我谨代表××全体同仁，向参加年会的各位来宾表示衷心的感谢与热烈的欢迎！正是因为你们的大力支持和帮助，才会有××的今天；同时向敢争敢拼、锐意进取的全体同仁及长期在幕后为××的事业发展默默奉献的所有家属致以崇高的敬意和由衷的感谢！正是因为你们的辛勤付出和无私奉献，××之船才得以乘风破浪，一路前行。年逢寅虎群情奋，岁别丑牛大地春。在新春佳节即将来临之际，借此机会给大家拜个早年，祝愿各位身体健康、家庭幸福、万事如意、虎年吉祥！

岁月如歌，跋涉似舞。××自创立以来，始终以"客户至上"为导向，注重管理、专注施工，抓质量、保品质，视设计为灵魂、质量为生命，首推"自助式装潢"，不断完善客户服务制度，短短几年，××这匹"家装黑马"在激烈的市场竞争中脱颖而出，在上海家装市场占有重要地位。

××能一跃成为"一流家装和行业典范"的原因在于：

第一，倾力打造"标杆工程"，制订和规范工艺流程，大幅度提升家装工程质量；

第二，给予客户"物超所值的品质保证"，具备完善的客服体系，坚持售前、售中、售后一体化协调管理；

第三，提供"量身定制的个性化服务"；

第四，推出"一站式购齐"服务，全程代理，退补自由，送货到位，让客户省时、省心、省钱；

第五，主张"一双鞋、两句话、三块布、四不准、五年保修"的独特售后服务理念。

"千淘万漉虽辛苦，吹尽狂沙始到金。"一次次可贵的历练，××收获的不仅仅是良好的信誉，也磨炼出员工锐意进取、追求完美、广交朋友、共谋发展的理念。目前，××拥有专业精良的团队，科学严谨的管理体系，严格规范的工程质量标准，科学完善的环保工艺作业流程，新颖的设计、优质的材料、透明的价格，成为上海中高端装饰市场的知名品牌，创造出80%回头业务的行业奇迹，并获得了上海市装饰装修行业协会常务理事单位、上海市规范服务达标企业、上海市绿色家居环保施工推荐单位、上海市家装行业社会公众满意度测评达标企业、上海市室内设计大赛优秀奖、《装饰》周刊理事会常务理事单位、搜房网监督品牌企业等多项殊荣。

风雨九载，绘就一幅××的美好画卷。饮水思源，感谢在座各位给予××的一路扶持和鼎力相助！我们将恪守承诺：为客户提供最佳品质的产品和服务，为员工的个人发展提供良好的平台，用我们的真诚赢得您的信赖！

岁月如流，又是新年。变易的岁月里，不变的，是我们的雄心。20××年，××在稳健壮大的同时更加坚定品质追求，整合各方资源，集结自身优势，提升品质及服务，全力打造"中国家装行业第一诚信品牌"！因此希望××同仁能够上下一心，群策群力，认真做到以下几点：

首先，必须明确自身所肩负的使命，制定明确的目标，拥有坚强的意志，面对任何困难，决不动摇；

其次，要表现出强烈的积极性，充分发挥团队的战斗力，保持旺盛的士气与活力；

最后，要围绕"定目标、做计划、定规划、明责权"四大管理要素，不断强化组织观念、计划协调观念与系统运作观念。我们只有珍惜时代所赋予的机遇、珍惜这个行业蓬勃发展的动力、珍惜取得的成绩和××提供的平台，才会在新的一年里为××、为自己再创佳绩！

九载风雨身后事，策马扬鞭向前看。展望未来，困难与希望相伴，挑战与机遇并存。我们将紧紧抓住千帆竞渡的盛世良机，顺应市场经济发展的大潮，以海纳百川的气魄，风雨同舟，一路前行，创造更加辉煌的明天！"山高人为峰"，让我们在新的一年里勇攀高峰！

最后，衷心祝愿各位朋友、同仁和家属们一切顺利、身体健康、合家幸福！祝愿××的明天更加美好！

9.4.2　答谢词

答谢词往往和欢迎词相呼应，接下来向大家介绍关于答谢词的内容。

1. 什么是答谢词

答谢词也是一种出于社交礼仪而发表的讲话类文稿，相较于欢迎词由主人致辞而言，答谢词的致辞方是来宾，是来宾对主人的热情款待和关照表示感谢的讲话，多用于比较正式、郑重的场合。下面介绍答谢词的具体内容，以帮助拟写者创作出来的答谢词能准确、贴切、得体地表达对主人的谢意。

2. 答谢词的写作

与欢迎词一样，答谢词的拟写也需要一定的写作技巧。具体来说，可从以下三个方面把握。

（1）情感动人

答谢词是为了答谢，这就要求其文字必须在情感上能打动人。换言之，致词人的讲话文稿要让听众听起来能感觉到其中的真挚、热情。因此，致词人必须动真情、吐真言，热情洋溢地表达己方情感，以获得对方的认可。

（2）评价宜人

在答谢词的正文中，详细介绍对方情况是一个重要方面，这是表达对主人尊重的重要体现。在对对方情况的介绍过程中，带有致词人的评价。答谢词要表现其真，就要求这种评价是适度和确切的，不能夸大，也不能贬低，更不能信马由缰式地随意发挥。

另外，答谢词中，对方的情况介绍，所占篇幅要合适，既不能一笔带过，也不能着墨太多，而是要简单清楚地说明。

（3）篇幅简短

一般情况下，答谢词发表在社交活动中，用时不能太长，因此，其篇幅要简短。在有限的篇幅中，应该把可有可无的内容删除，只留下有实实在在意义的内容，且语言应该精练扼要，把最精华的、必要的内容表达出来。

【案例分享：答谢词】

公司董事长给员工的答谢词

各位同事：

大家新年好！

日月开新元，天地又一春。回首即将过去的一年，我们的××公司朝气蓬勃，稳健发展。你们一年的努力和敬业使公司取得了有史以来最辉煌的成绩，产销量又创新高。20××年，我们产量××吨，销售量××吨，产值达到了××元。这些成绩的取得，饱含着你们的心血和汗水。值此20××年新春佳节到来之际，公司总经理谨向大家深表谢意，并决定拿出自己的年终奖金为公司的全体员工送上一份新春祝福，衷心地感谢全体员工在这一年里的励精图治和全情付出！

雄关漫道真如铁，而今迈步从头越。展望20××年，公司已经站到了一个更高的平台。为了美好的明天，我们全体员工要在新的一年里树立崭新的观念，进一步加强团队合作的能力。如果每个人都能将自己的才智和力量发挥出来，主动地做事，朝着目标而努力，"心往一处想，劲往一处使"，相信我们的团队一定会变得更加强大。

20××年的辉煌已载入×××公司的发展史册，我们在举杯欢庆之时，更需忘记曾经的辉煌，归零跨越，开始新的奋斗征程。新年新希望，新年新挑战。相信在全体员工一如既往的关心和支持下，×××公司必将会迎来新一轮的大发展。

20××年，让我们开始新一轮冲刺，共创新的辉煌！

最后，在新春佳节来临之际，预祝大家新春快乐！祝愿大家在新的一年里幸福安康、吉祥如意！

谢谢大家！

炼成指南

讲话类公文是公文撰写者在日常工作中耗时最多的公文种类，此类公文的写作没有捷径可走，只能靠撰写人员的日常积累。

第 10 章
专用书信类公文：畅晓明了，好材料无须刻意雕琢

"江水三千里，家书十五行""拟把清霜当作月，飞来鸿雁寄相思"……自古以来，书信一直是情思、祝福的载体。如今，书信虽然不再是主流的信息传达文体，但在公文领域的热度依旧居高不下，而且类别和形式多样。其中倡议书、证明信、介绍信、贺信、慰问信是最常见的五种专用书信类公文。

10.1 倡议书

10.1.1 什么是倡议书

倡议书是一种倡导性的建议文书，通常是由某一组织或个人联合社会多方公开提议以号召更多的人，希望获得响应的文书。这种文书形式多样，可以是信件、文件、意见等，但其都具有以下四个特点。

1）广泛性。倡议书往往是面向整个社会发布的，从它的影响范围和受众群体来说具有广泛性。

2）号召性。倡议书的目的是号召相应的对象甚至全社会参与到某个事件或者活动中，从目的来看倡议书具有号召性。

3）公开性。倡议书是公开发布的。

4）不确定性。倡议书的响应对象和影响范围具有很大的不确定性。

倡议书是面向全社会的，对社会的发展产生相应的影响力，这种影响力表现在以下几个方面。

首先，倡议书的目的是在相应的范围内调动人们的积极性，让响应倡议的人团结起来，为完成具体的活动或者任务而努力。因此具有正面效果的倡议书，能够在较大范围内形成合力，推动社会的发展。

其次，倡议书本身就是一种具有内驱动力的行为感召，也就是倡议书的内容必须和受众在观念上达成一致，受众才会响应倡议。因此倡议书常被用在精神文明建设的过程中，是开展精神文明建设的有效方式。

最后，倡议书具有感化作用，因为相较于法律法规这种硬性规定，倡议书更多的是进行精神上的引导，通过改变周围的环境来影响人们的心态或者思想，更容易让人在心理上接受。

10.1.2　倡议书的写作

倡议书作为一种旨在感召他人的文书，其写作要领和语言表达与其他公文有很大区别。

在内容上，倡议书的选择是有一定标准的，首先，不能和国家政策相违背，必须完全做到政治正确，坚定地站在党和国家的立场上；其次，倡议书必须要符合时代发展要求，其内容应该紧密贴合当前的发展形势，体现时代精神。

在语言上，倡议书的篇幅不宜过长，应该简单明了。在措辞上，应该能够让受众感受到真挚情感。在具体表达上，文字应该准确、具体，将想要表达的意思展现得清楚明白。

【案例分享：倡议书】

致全国农民合作社的倡议书

全国广大农民合作社：

当前新型冠状病毒感染的肺炎疫情防控处于关键时期，战胜疫情需要广大农民合作社的共同参与。全国农民合作社辐射带动了近一半农户，保障农民合作社生产经营活动的正常进行，一方面能够增加农民收入，另一方面对确保农产品有效供给至关重要。为加强农产品稳产保供，积极配合做好全国疫情防控，我们向全国农民合作社发出倡议：

一、加强生产保供。广大农民合作社要在当地政府和农业农村部门的指导下，及时了解主要农产品供求信息，合理安排蔬菜、畜禽等重要农产品生产，保持正常生产秩序，确保"菜篮子"产品有效供给。

二、确保质量安全。广大农民合作社要落实农产品质量安全要求，强化质量安全意识，严格执行农业生产标准，加强种植养殖过程管理，确保农产品质量安全。

三、畅通销售渠道。广大农民合作社要加强市场信息沟通，主动与重点城市农产品营销主体、本地批发市场、农贸市场、超市对接，及时提供农产品信息，积极组织农产品快速有序流通，确保农产品进城入店。如出现产地农产品调出、农资调运困难情况，要及时向当地政府或农业农村部门反映。

四、诚实守信经营。广大农民合作社要以诚信为本，依法依规开展经营，规范本社管理和服务，共同维护良好的市场秩序，坚决杜绝趁机囤积居奇、哄抬物价、发布虚假误导信息等扰乱市场秩序的行为发生。特别是各级农民合作社示范社要充分发挥引领带动作用，增强疫情防控的责任心和稳产保供的使命感。

五、严格防疫管理。各养殖类农民合作社要规范养殖生产，不购进、不运输、不销售来源不明或非法捕获的野生动物及其制品。加强动物疫病防控工作，做好养殖场区、定点屠宰场等场所的消毒灭源工作，严格按照规定无害化处理病死畜禽。

六、加强人员防护。广大农民合作社要监督本社成员和工作人员做好疫情防控保护，保证生产经营的同时不传播疫情。鼓励有条件的农民合作社在当地党委政府统一领导下，配合卫生防疫主管部门，利用各类农机具参与村居街道卫生防疫消毒工作。配合加强农村疫情防控，利用社务管理平台、成员微信群等渠道，把科学防疫知识和疫情防控要求发送给农民成员，引导农民群众不信谣、不传谣，坚决抵制和纠正散播谣言的行为。

我们有信心、有决心，在党中央、国务院的坚强领导下，在全国广大农民合作社的共同努力下，齐心协力打赢疫情防控阻击战！

（资料来源：农业农村部网站）

10.2　证明信

证明信就是用来表示证明的文书，在日常生活中有着广泛的作用，本节将介绍证明信的相关知识。

10.2.1　什么是证明信

证明信是以行政机关、社会团体、企事业单位或个人的名义，凭借确凿的证据证明某人的身份、经历或某件事情的真实情况时所使用的一种专用书信。证明信一般也直接称为证明。

证明信可分为组织证明信和个人证明信，一般情况下证明信具有以下三个特点：

1. 具有凭证作用

证明信的作用贵在证明，是持有者用以证明自己身份、经历或某事真实性的一种凭证，所以证明信的第一个特点就是它的凭证作用。

2. 多采用专用书信体格式

证明信是一种专用书信，尽管证明信有几种形式，但它的写法同书信的写法基本一致，一般采用书信体的格式。

3. 内容简洁清晰

证明信无须较长的篇幅，只需将要证明的事项阐述清楚即可，因此证明信的内容往往较为简洁、清晰。

10.2.2　证明信的写作

在证明信的内容结构中，一般有标题、称谓、正文和落款四个部分。

1. 标题

证明信的标题有两种写作形式：第一种是"事由＋文种"形式，在第一行正中书写，具体内容格式如"有关××问题的证明"。第二种是"文种"形式，把"证明信"或"证明"作为标题。

2. 称谓

证明信的称谓需顶格书写在标题的下一行，一般为受文单位名称或受文个人姓名。如果证明信没有固定的受文者，这一项内容可以省略，代之以正文前表示引导的"兹"字。

3. 正文

证明信的正文要根据实际情况、问题和要求进行陈述，任何无关问题都可以省略。在证明信的正文部分，还应该在主要内容陈述完后另起一行，以"特此证明"结束全文。

4. 落款

证明信的落款包括署名和成文日期两项内容。作为一种凭证，证明信还要加盖印章，以此增加证明信的证明效力，这是必不可少的环节。

能作为证明某人或某事的凭证，是其之所以称为"证明信"的原因。

基于这一因素，首先，证明信的内容要具有真实性，这是撰写证明信的第一要义。

其次，证明信的语言要有准确性。这是撰写证明信的基本要求。证明信的语言必须是能准确、清晰地证明某人或某事，而不是含糊不清，让人无法确切得知真实情况。

再次，在写作证明信的过程中，公文撰写者应注意不能用铅笔、红色笔书写，且不能涂改。假如证明信中出现了涂改，则应该在涂改位置加盖印章。

最后，对有些证明信应该特殊处理。例如，个人证明信的对象是公文撰写者不太熟悉的，应该在其中写明"仅供参考"等提示语；又如，随身携带的没有固定受文单位的证明信，撰写者应该注意在信中注明有效期限。

【案例分享：证明信】

证明信

经办人：

　　兹证明_____是我公司员工，在_____部门任_____职务。一年以来总收入约为_____元。

　　特此证明。

　　（本证明仅用于证明我公司员工的工作及在我公司的工资收入，不作为我公司对该员工任何形式的担保文件）

盖章：

日期：_____年____月____日

10.3 介绍信

介绍信虽然以"介绍"为名,但是其主要作用除了介绍自己还具有证明的作用。

10.3.1 什么是介绍信

介绍信按照其形式的不同可分为两类,即书信式介绍信和填表式介绍信。

书信式介绍信:这类介绍信采用专用的书信格式,其纸张一般应采用印有单位名称的信笺。这类介绍信也称便函式介绍信。

填表式介绍信:这类介绍信不需要按照书信格式书写,一般只需要在表中的必要位置把相关事项一一填写清楚。这类介绍信由于有存根,因此也称带存根的介绍信。

介绍信通常具有两个特征:

1. 证明的特征

介绍信是组织、机关必备的具有介绍、证明作用的书信。持介绍信的人,可以凭借此信同有关单位或个人联系,洽谈一些具体事宜。而接收介绍信的一方则可以从对方的介绍信中了解来人的职业、身份、要办的事情、要见的人、有什么希望和要求等。

介绍信就像是连接双方关系的纽带,旨在证明来人身份,以防假冒、顶替等现象的出现。

2. 时效的特征

介绍信相当于一个在一定时间内有效的证件,它可以帮助对方了解被介绍者的身份、来历，同时也赋予了被介绍者一定的权利和责任，所以介绍信上通常都会写明期限，在一定期限内供人使用。

10.3.2　介绍信的写作

从介绍信的格式来看，书信式介绍信和带存根的介绍信的本文部分都是由标题、称呼、正文和落款四个部分组成的，具体内容如下。

1. 标题

介绍信的标题形式为"介绍信"字样，居中书写。

2. 称呼

一般顶格书写受文单位的名称或个人姓名，在其后再加上称呼语。

3. 正文

在介绍信的正文部分，应该写明被介绍人的姓名、人数、身份等基本信息以及前往接洽的事项、向接洽单位提出的要求和希望等。当然，其后一般还会加上"请接洽"等惯用语。在这些内容后，另起一行空两格写上"此致"字样，并在下一行顶格书写"敬礼"字样。这样才算完成了其正文的书写。

4. 落款

介绍信的落款部分除了公文惯有的署名和成文日期外，还有一个有效期限的辅助说明，其中具体天数用汉字大写。

带存根的介绍信的格式已经基本确定下来，只需要填写相应的内容即可。这样的介绍信一般包括三个基本组成部分，即存根联、间缝和正式联。

上文介绍的书信式介绍信的内容可看作其正式联部分，不同的是，带存根的介绍信正式联应该在标题下一行居右注明介绍信的编号。在存根联和正式联之间的部分是间缝，在此处应该注明介绍信的编号，并加盖出具单位的公章。

存根联由标题、介绍信编号、正文和成文时间等组成。介绍信的存根联是为了出具单位留存备查的，因此，不在落款部分写明单位名称，且这部分的内容是简写的。

介绍信具有介绍、证明的双重功用，因而其写作与证明信有相似之处。具体来说，要想写好介绍信，应该注意以下方面。

1. 坚持实事求是的原则；

2. 态度要诚恳，具体的接洽事宜要写得清楚、明白；

3. 篇幅不宜过长，突出重点即可；

4. 字迹工整，不能随意涂改。

书写带存根的介绍信还应该注意以下问题：

当介绍信的接洽事宜有一定的重要性和保密性时，应该注明派遣人员的政治面貌和职务，以表明其对工作的胜任程度。当介绍信比较重要时，应该在拟写好后交由上级领导过目或在存根联上签字。

【案例分享：介绍信】

介绍信

××单位：

因我单位业务需要，近期将委派×××同志一行前往贵单位面谈相关事宜。望贵单位届时接待。谢谢！

单位相关人员签字：

单位盖章：

有效期 30 天

×× 学院

× 年 × 月 × 日

（资料来源：应届毕业生网）

10.4 贺信

贺信这种形式的公文是由古代的祝词演变而来，是一种用来表示祝贺的专用书信。除了表示祝贺外，贺信还兼具慰问和赞扬的功能。

10.4.1 什么是贺信

贺信作为一种礼仪类的书信体文书，具有及时性、祝贺性、真实性三个特点。

及时性：贺信是为了表示祝贺，需要在对方祝贺事由还在持续的时间内发出，具有及时性。

祝贺性：发贺信的目的在于祝贺，这是其最基本的特性，要体现出由衷的祝愿。

真实性：在贺信中，可以实事求是地夸赞对方，但一定不能夸大其词。

从贺信收发双方之间的关系来看，它主要分为四类，具体内容如下。

1. 上级单位给下级单位的贺信

这类贺信可以是节日祝贺，也可以是对工作成绩表示祝贺等。其相同点是在最后都要提出希望和要求。

2．下级单位给上级单位的贺信

这类贺信一般是对全局性的工作成绩表示的祝贺，此外还要表明下级单位对完成有关任务的信心和决心。

3．平级单位之间的贺信

一般是就对对方单位所取得的工作成就表示祝贺，同时还可以表明向对方单位学习的谦虚态度，以及保持和发展双方关系的良好愿望。

4．个人之间的贺信

用于亲朋好友在重要节日、重大喜事中互相祝贺、慰勉、鼓励，或者祝贺某人在工作、学习中取得了好成绩，以分享快乐。

10.4.2　贺信的写作

贺信一般由标题、称谓、正文、结尾和落款五部分构成。每个部分的撰写方法和要求都不一样。

1．标题

贺信的标题通常由文种名构成。如在第一行正中书写"贺信"二字。有的还在"贺信"的前面加上谁写给谁的字样，或者写明祝贺事由等。个人之间的贺信也可以不写标题。

2．称谓

顶格写明被祝贺单位或个人的名称或姓名。写给个人的，要在姓名后加上相应的礼仪名称如"同志"，称呼之后要用冒号。

3．正文

贺信的正文要交代清楚以下几项内容：

首先，贺信的正文必须结合当前的形势，说明对方取得成绩的大背景。

其次，概括说明对方都在哪些方面取得了成绩，分析其成功的主客观原因。例如贺寿的贺信，要概括说明对方的贡献及他的宝贵品质。总之祝贺的原因是贺信的中心内容，一定要交代清楚。

最后，还要表示热烈的祝贺，要写出自己祝贺的心情，由衷地表达自己真诚的慰问和祝福。除此之外，还可以写些鼓励的话，提出希望和共同的理想。

总的来看，贺信应该使用简练的语言，用简短的篇幅表达出所有应该展现的内容并突出中心。

4. 结尾

结尾可以写上祝愿的话。如"祝您健康长寿"等。

5. 落款

写明发文的单位名称或个人的姓名，并署上成文的时间。

【案例分享：贺信】

习近平致中国科学院建院 70 周年的贺信

值此中国科学院建院 70 周年之际，我代表党中央，向你们致以热烈的祝贺！向全院科技工作者和干部职工致以诚挚的问候！

70 年来，在党的坚强领导下，中国科学院大胆探索、开拓创新、勇于实践，解决了一大批事关国家全局的重大科技问题，突破了一大批制约发展的关键核心技术，取得了一大批一流水平的原创成果，书写了新中国科技创新的辉煌篇章。中国科学院几代科学家求真务实、报国为民、无私奉献的先进事迹充分展现出我国广大知识分子的爱国情怀和高尚品格。

当今世界，创新是引领发展的第一动力。希望中国科学院不忘初心、牢记使命，抢抓战略机遇，勇立改革潮头，勇攀科技高峰，加快打造原始创新策源地，加快突破关键核心技术，努力抢占科技制高点，为把我国建设成为世界科技强国作出新的更大的贡献。

习近平

2019 年 11 月 1 日

（资料来源：中国政府网）

10.5　慰问信

慰问信是一种表示关怀、慰问的书信类公文。我们经常会在节日或者重大事件结束后看到政府公开发表的慰问信，比如春节或重大灾害过后。

10.5.1　什么是慰问信

慰问信是组织、部分群众以及某个人向有关集体、个人表示慰劳、问候、致意的书信。

慰问信有两种：一种是表示同情安慰；另一种是在节日表示问候。在撰写慰问信时，态度要诚恳、真切。写慰问信就好比向人说宽慰的话，要根据不同的对象、不同的情况，表达出真挚的、自然的、真切的慰问之情。

10.5.2　慰问信的写作

在慰问信的写作过程中，掌握一些写作的技巧和了解一些必要的注意事项是非常有必要的。在撰写慰问信时，需要注意的具体内容如下。

1．对象明确、重点突出

慰问信主要是对两类对象表示慰问，一是有特殊贡献的，二是遇到困难的。这是两种不同类型的集体和个人。因此，在拟写慰问信时，内容的选择不同，侧重点也会不同。

对前一种，慰问信的内容应该侧重赞颂他们所做出的巨大贡献和获得的巨大成就；对后一种，慰问信的内容应该侧重表示对他们的关怀、慰勉和支持。

2．感情真挚

慰问信需要表现出慰问者和被慰问者之间的深厚情感，使被慰问者感受到慰问者的关心。它要能让做出贡献的集体和个人感受到激励和赞赏，能让遭遇苦难者感受到支持，从而增强建设社会或克服困难的信心。

3．语言精练、质朴

慰问信的写作语言要精练、质朴，过分使用华丽的辞藻，会让人感到不够真实，没有真情实感。

【案例分享：慰问信】

致防疫一线同志的慰问信

尊敬的奋战在防疫一线的全体同志：

面对这场突如其来的新冠肺炎疫情，全区医务工作者、基层社区村干部、广大群众和企业、驻区单位、驻区部队和机关党员干部等社会各界、各行各业，闻令而动、挺身而出，勇挑重担、冲锋在前，以"招之即来、来之能战、战之必胜"的勇气和信念，义无反顾投身疫情防控阻击战。在此，区委、区政府特向你们致以最真诚的问候、最衷心的感谢和最崇高的敬意！由衷地向你们说一声："大家辛苦了！"

疫情就是命令，防控就是责任。新冠肺炎疫情发生以来，你们不退缩、不犹豫、不回避，主动放弃与家人相聚，主动放弃休息和休假，一直在寒冷的冬天、严峻的挑战前坚守岗位、辛勤奔波。你们废寝忘食、昼夜奋战在疫情防控第一线，把危险和辛劳留给自己，用辛苦和汗水守护人民，谱写了一曲又一曲爱心和责任的赞歌，留下了一个又一个令人感动的瞬间，你们为全区织起了一道又一道抵抗疫情的坚实防线。

在你们当中，医务工作者们主动请缨上一线，舍小家、顾大家奔赴隔离点，全力守护全区人民的生命安全和身体健康；基层社区村工作者、爱心志愿者、楼群组长和热心群众冲在前沿，"父子档""夫妻档""全家档"走门入户，测体温、做登记、仔细查问，认真站好每一班岗，用心守护好每一个家；党员干部们火线成立临时党支部，在党旗下许下铮铮誓言，顶风冒雨、通宵达旦守好疫情防控"第一关"，在防控一线留下了一个个疲惫的身影；广大人民群众，还有主动居家和集中隔离的同志们，识大体、顾大局、讲奉献，全力支持、参与、配合……在你们身上，我们看到了什么叫有担当、顾大局；通过你们，我们更深切感受到什么是最美的"逆行者"。正是有你们的日夜坚守和辛苦付出，才有了目前防疫阻击战的阶段性胜利！你们，是全区人民的骄傲！

当前，疫情防控形势依然严峻，依然不能有丝毫松懈，依然需要你们的奉献和坚守。希望你们继续发扬不怕苦、不怕累的精神，听从指挥、服从调度、履职尽责，也希望你们能劳逸结合、保护身体、做好防护，在打赢这场疫情防控阻击战和持久战中，继续展现我们全区人民群众的担当和风采。你们放心，无论何时，区委、区政府始终和大家在一起，我们会全力做好系列保障，让你们安心放心地继续战斗！

我们坚信，在以习近平同志为核心的党中央的坚强领导下，在省市委的精密部署和科学指挥下，在全区人民的共同奋战下，胜利，终将属于我们！春天，定会绚丽和烂漫！

　　疫情虽无情，但我们永远在一起！

　　请转达对你们家人的亲切问候和衷心感谢！

××区政府

×年×月×日

炼成指南

　　在进行专用书信类公文的撰写时，一定要区别于日常书信的写作，应该严谨、细致。

附　录

附录1　公文写作常用好句

一、名言警句

人视水见形，视民知治不。

但愿苍生俱饱暖，不辞辛苦出山林。

衙斋卧听萧萧竹，疑是民间疾苦声。些小吾曹州县吏，一枝一叶总关情。

政之所兴在顺民心，政之所废在逆民心。

乐民之乐者，民亦乐其乐；忧民之忧者，民亦忧其忧。

德莫高于爱民，行莫贱于害民。

去民之患，如除腹心之疾。

安得广厦千万间，大庇天下寒士俱欢颜。

利民之事，丝发必兴；厉民之事，毫末必去。

政者，正也。其身正，不令而行；其身不正，虽令不从。

为国不可以生事，亦不可以畏事。

安而不忘危，存而不忘亡，治而不忘乱。

天下之患，最不可为者，名为治平无事，而其实有不测之忧。坐观其变而不为之所，则恐至于不可救。

治国犹如栽树，本根不摇则枝叶茂荣。

以实则治，以文则不治。

审大小而图之，酌缓急而布之；连上下而通之，衡内外而施之。

为之于未有，治之于未乱。

政如农功，日夜思之。

政令时，则百姓一，贤良服。

以天下之目视，则无不见也；以天下之耳听，则无不闻也；以天下之心虑，则无不知也。

审度时宜，虑定而动，天下无不可为之事。

临大事而不乱，临利害之际不失故常。

为政以德，譬如北辰，居其所而众星拱之。

取法于上，仅得为中；取法于中，故为其下。

一心可以丧邦，一心可以兴邦，只在公私之间尔。

修其心治其身，而后可以为政于天下。

为官避事平生耻。

人之忠也，犹鱼之有渊。

不患位之不尊，而患德之不崇。

廉不言贫，勤不道苦。

慧者心辨而不繁说，多力而不伐功，此以名誉扬天下。

静而后能安，安而后能虑，虑而后能得。

国有四维，礼义廉耻。四维不张，国乃灭亡。

与人不求备，检身若不及。

祸莫大于不知足，咎莫大于欲得。

从善如登，从恶如崩。

见善如不及，见不善如探汤。

见贤思齐焉，见不贤而内自省也。

观于明镜，则瑕疵不滞于躯；听于直言，则过行不累乎身。

非淡泊无以明志，非宁静无以致远。

同心而共济，终始如一，此君子之朋也。

莫见乎隐，莫显乎微，故君子慎其独也。

天下之事未尝不败于专而成于共。

以势交者，势倾则绝；以利交者，利穷则散。

功崇惟志，业广惟勤。

一勤天下无难事。

合抱之木，生于毫末；九层之台，起于累土。

大厦之成，非一木之材也；大海之阔，非一流之归也。

图难于其易，为大于其细。天下难事，必作于易；天下大事，必作于细。

慎易以避难，敬细以远大。

物有甘苦，尝之者识；道有夷险，履之者知。

耳闻之不如目见之，目见之不如足践之。

不受虚言，不听浮术，不采华名，不兴伪事。

吾生也有涯，而知也无涯。

腹有诗书气自华。

衣带渐宽终不悔，为伊消得人憔悴。

学而不思则罔，思而不学则殆。

知之者不如好之者，好之者不如乐之者。

文变染乎世情，兴废系乎时序。

不积跬步，无以至千里；不积小流，无以成江海。

少年辛苦终身事，莫向光阴惰寸功。

学者非必为仕，而仕者必为学。

纸上得来终觉浅，绝知此事要躬行。

博学之，审问之，慎思之，明辨之，笃行之。

学如弓弩，才如箭镞。

学所以益才也，砺所以致刃也。

少而好学，如日出之阳；壮而好学，如日中之光；老而好学，如炳烛之明。

宰相必起于州部，猛将必发于卒伍。

盖有非常之功，必待非常之人。

邦之兴，由得人也；邦之亡，由失人也。得其人，失其人，非一朝一夕之故，其所来者渐矣。

为政之要，莫先于用人。

思皇多士，生此王国。王国克生，维周之桢；济济多士，文王以宁。

千人之诺诺，不如一士之谔谔。

不知人之短，不知人之长，不知人长中之短，不知人短中之长，则不可以用人，不可以教人。

我劝天公重抖擞，不拘一格降人才。

计利当计天下利。

浩渺行无极，扬帆但信风。

一花独放不是春，百花齐放春满园。

物之不齐，物之情也。

若以水济水，谁能食之？若琴瑟之专壹，谁能听之？

万物并育而不相害，道并行而不相悖。

己所不欲，勿施于人。

既以为人，己愈有；既以与人，己愈多。

智者求同，愚者求异。

橘生淮南则为橘，生于淮北则为枳，叶徒相似，其实味不同。所以然者何？水土异也。

山积而高，泽积而长。

明者因时而变，知者随事而制。

穷则独善其身，达则兼济天下。

一丝一粒，我之名节；一厘一毫，民之脂膏。宽一分，民受赐不止一分；取一文，我为人不值一文。谁云交际之常，廉耻实伤；倘非不义之财，此物何来？

祸患常积于忽微，而智勇多困于所溺。

善禁者，先禁其身而后人。

公生明，廉生威。

俭则约，约则百善俱兴；侈则肆，肆则百恶俱纵。

奢靡之始，危亡之渐。

物必先腐，而后虫生。

历览前贤国与家，成由勤俭破由奢。

诚欲正朝廷以正百官，当以激浊扬清为第一要义。

地位清高，日月每从肩上过；门庭开豁，江山常在掌中看。

禁微则易，救末者难。

位卑未敢忘忧国。

千磨万击还坚劲，任尔东西南北风。

志之所趋，无远勿届，穷山距海，不能限也。志之所向，无坚不入，锐兵精甲，不能御也。

石可破也，而不可夺坚；丹可磨也，而不可夺赤。

苟利国家生死以，岂因祸福避趋之。

天行健，君子以自强不息。

富贵不能淫，贫贱不能移，威武不能屈。

雄关漫道真如铁。

人间正道是沧桑。

长风破浪会有时。

苟日新，日日新，又日新。

不日新者必日退。

水之积也不厚，则其负大舟也无力。

工欲善其事，必先利其器。

凡益之道，与时偕行。

穷则变，变则通，通则久。

国无常强，无常弱。奉法者强则国强，奉法者弱则国弱。

立善法于天下，则天下治；立善法于一国，则一国治。

道私者乱，道法者治。

天下之事，不难于立法，而难于法之必行。

法令既行，纪律自正，则无不治之国，无不化之民。

治国者，圆不失规，方不失矩，本不失末，为政不失其道，万事可成，其功可保。

法立，有犯而必施；令出，唯行而不返。

泾溪石险人兢慎，终岁不闻倾覆人。却是平流无石处，时时闻说有沉沦。

多言数穷，不如守中。

兵无常势，水无常形。

莫言下岭便无难，赚得行人错喜欢。正入万山圈子里，一山放出一山拦。

睫在眼前犹不见。

见骥一毛，不知其状；见画一色，不知其美。

不识庐山真面目，只缘身在此山中。

不谋全局者，不足谋一域。

二、写作金句

比喻类

理想信念是"原生动力",职责使命是"意志盔甲"。

有思想上的"破冰"才会有行动上的"突围"。

守土尽责的"卫士",改革创新的"干将",真抓实干的"能手"。

不唯身份论人才、不唯学历评人才、不唯职称用人才,让技术人才无"身份"之忧、无学历之"绊"、无"草根"之虑。

干部要拎着"乌纱帽"为民干事,而不能捂着"乌纱帽"为己做"官"。

善打"整体战",能出"组合拳",会奏"交响乐"。

纪律既是"紧箍咒",也是"护身符",是干部成长路上的"安全带"。

不忘初心,别让信仰"降温";实干担当,别让履责"滑坡";修身律己,别被欲望"绑架"。

排比类

思想上松一寸,行动上就会偏一尺。

这个招,那个招,不落实都是虚招;这本事,那本事,落实好才是真本事。

千难万难,只要重视就不难;大路小路,只有行动才有出路。

发现问题是水平,解决问题是能力,揭露问题是本分,掩盖问题是失职。

心往一处想,劲往一处使,力往一处出。

"咬定青山不放松"的信仰、"功成不必在我"的境界、"让他三尺又何妨"的胸襟。

每个干部心中都要有一盘大局之棋、一本干事之账、一张成事之图、一股拼搏之劲、一颗火热之心。

不容许一丝马虎,不放过一个疑问,不留下一个漏洞,不出现一个差错。

时不我待的紧迫感、只争朝夕的精气神、舍我其谁的责任心。

附录2　《党政机关公文处理工作条例》

第一章　总　则

第一条　为了适应中国共产党机关和国家行政机关（以下简称党政机关）工作需要，推进党政机关公文处理工作科学化、制度化、规范化，制定本条例。

第二条　本条例适用于各级党政机关公文处理工作。

第三条　党政机关公文是党政机关实施领导、履行职能、处理公务的具有特定效力和规范体式的文书，是传达贯彻党和国家的方针政策，公布法规和规章，指导、布置和商洽工作，请示和答复问题，报告、通报和交流情况等的重要工具。

第四条　公文处理工作是指公文拟制、办理、管理等一系列相互关联、衔接有序的工作。

第五条　公文处理工作应当坚持实事求是、准确规范、精简高效、安全保密的原则。

第六条　各级党政机关应当高度重视公文处理工作，加强组织领导，强化队伍建设，设立文秘部门或者由专人负责公文处理工作。

第七条　各级党政机关办公厅（室）主管本机关的公文处理工作，并对下级机关的公文处理工作进行业务指导和督促检查。

第二章　公文种类

第八条　公文种类主要有：

（一）决议。适用于会议讨论通过的重大决策事项。

（二）决定。适用于对重要事项作出决策和部署、奖惩有关单位和人员、变更或者撤销下级机关不适当的决定事项。

（三）命令（令）。适用于公布行政法规和规章、宣布施行重大强制性措施、批准授予和晋升衔级、嘉奖有关单位和人员。

（四）公报。适用于公布重要决定或者重大事项。

（五）公告。适用于向国内外宣布重要事项或者法定事项。

（六）通告。适用于在一定范围内公布应当遵守或者周知的事项。

（七）意见。适用于对重要问题提出见解和处理办法。

（八）通知。适用于发布、传达要求下级机关执行和有关单位周知或者执行的事项，批转、转发公文。

（九）通报。适用于表彰先进、批评错误、传达重要精神和告知重要情况。

（十）报告。适用于向上级机关汇报工作、反映情况，回复上级机关的询问。

（十一）请示。适用于向上级机关请求指示、批准。

（十二）批复。适用于答复下级机关请示事项。

（十三）议案。适用于各级人民政府按照法律程序向同级人民代表大会或者人民代表大会常务委员会提请审议事项。

（十四）函。适用于不相隶属机关之间商洽工作、询问和答复问题、请求批准和答复审批事项。

（十五）纪要。适用于记载会议主要情况和议定事项。

第三章　公文格式

第九条　公文一般由份号、密级和保密期限、紧急程度、发文机关标志、发文字号、签发人、标题、主送机关、正文、附件说明、发文机关署名、成文日期、印章、附注、附件、抄送机关、印发机关和印发日期、页码等组成。

（一）份号。公文印制份数的顺序号。涉密公文应当标注份号。

（二）密级和保密期限。公文的秘密等级和保密的期限。涉密公文应当根据涉密程度分别标注"绝密""机密""秘密"和保密期限。

（三）紧急程度。公文送达和办理的时限要求。根据紧急程度，紧急公文应当分别标注"特急""加急"，电报应当分别标注"特提""特急""加急""平急"。

（四）发文机关标志。由发文机关全称或者规范化简称加"文件"二字组成，也可以使用发文机关全称或者规范化简称。联合行文时，发文机关标志可以并用联合发文机关名称，也可以单独用主办机关名称。

（五）发文字号。由发文机关代字、年份、发文顺序号组成。联合行文时，使用主办机关的发文字号。

（六）签发人。上行文应当标注签发人姓名。

（七）标题。由发文机关名称、事由和文种组成。

（八）主送机关。公文的主要受理机关，应当使用机关全称、规范化简称或者同类型机关统称。

（九）正文。公文的主体，用来表述公文的内容。

（十）附件说明。公文附件的顺序号和名称。

（十一）发文机关署名。署发文机关全称或者规范化简称。

（十二）成文日期。署会议通过或者发文机关负责人签发的日期。联合行文时，署最后签发机关负责人签发的日期。

（十三）印章。公文中有发文机关署名的，应当加盖发文机关印章，并与署名机关相符。有特定发文机关标志的普发性公文和电报可以不加盖印章。

（十四）附注。公文印发传达范围等需要说明的事项。

（十五）附件。公文正文的说明、补充或者参考资料。

（十六）抄送机关。除主送机关外需要执行或者知晓公文内容的其他机关，应当使用机关全称、规范化简称或者同类型机关统称。

（十七）印发机关和印发日期。公文的送印机关和送印日期。

（十八）页码。公文页数顺序号。

第十条　公文的版式按照《党政机关公文格式》国家标准执行。

第十一条　公文使用的汉字、数字、外文字符、计量单位和标点符号等，按照有关国家标准和规定执行。民族自治地方的公文，可以并用汉字和当地通用的少数民族文字。

第十二条　公文用纸幅面采用国际标准 A4 型。特殊形式的公文用纸幅面，根据实际需要确定。

第四章　行文规则

第十三条　行文应当确有必要，讲求实效，注重针对性和可操作性。

第十四条　行文关系根据隶属关系和职权范围确定。一般不得越级行文，特殊情况需要越级行文的，应当同时抄送被越过的机关。

第十五条　向上级机关行文，应当遵循以下规则：

（一）原则上主送一个上级机关，根据需要同时抄送相关上级机关和同级机关，不抄送下级机关。

（二）党委、政府的部门向上级主管部门请示、报告重大事项，应当经本级党委、政府同意或者授权；属于部门职权范围内的事项应当直接报送上级主管部门。

（三）下级机关的请示事项，如需以本机关名义向上级机关请示，应当提出倾向性意见后上报，不得原文转报上级机关。

（四）请示应当一文一事。不得在报告等非请示性公文中夹带请示事项。

（五）除上级机关负责人直接交办事项外，不得以本机关名义向上级机关负责人报送公文，不得以本机关负责人名义向上级机关报送公文。

（六）受双重领导的机关向一个上级机关行文，必要时抄送另一个上级机关。

第十六条　向下级机关行文，应当遵循以下规则：

（一）主送受理机关，根据需要抄送相关机关。重要行文应当同时抄送发文机关的直接上级机关。

（二）党委、政府的办公厅（室）根据本级党委、政府授权，可以向下级党委、政府行文，其他部门和单位不得向下级党委、政府发布指令性公文或者在公文中向下级党委、政府提出指令性要求。需经政府审批的具体事项，经政府同意后可以由政府职能部门行文，文中须注明已经政府同意。

（三）党委、政府的部门在各自职权范围内可以向下级党委、政府的相关部门行文。

（四）涉及多个部门职权范围内的事务，部门之间未协商一致的，不得向下行文；擅自行文的，上级机关应当责令其纠正或者撤销。

（五）上级机关向受双重领导的下级机关行文，必要时抄送该下级机关的另一个上级机关。

第十七条　同级党政机关、党政机关与其他同级机关必要时可以联合行文。属于党委、政府各自职权范围内的工作，不得联合行文。

党委、政府的部门依据职权可以相互行文。

部门内设机构除办公厅（室）外不得对外正式行文。

第五章　公文拟制

第十八条　公文拟制包括公文的起草、审核、签发等程序。

第十九条　公文起草应当做到：

（一）符合党的理论路线方针政策和国家法律法规，完整准确体现发文机关意图，并同现行有关公文相衔接。

（二）一切从实际出发，分析问题实事求是，所提政策措施和办法切实可行。

（三）内容简洁，主题突出，观点鲜明，结构严谨，表述准确，文字精练。

（四）文种正确，格式规范。

（五）深入调查研究，充分进行论证，广泛听取意见。

（六）公文涉及其他地区或者部门职权范围内的事项，起草单位必须征求相关地区或者部门意见，力求达成一致。

（七）机关负责人应当主持、指导重要公文起草工作。

第二十条　公文文稿签发前，应当由发文机关办公厅（室）进行审核。审核的重点是：

（一）行文理由是否充分，行文依据是否准确。

（二）内容是否符合党的理论路线方针政策和国家法律法规；是否完整准确体现发文机关意图；是否同现行有关公文相衔接；所提政策措施和办法是否切实可行。

（三）涉及有关地区或者部门职权范围内的事项是否经过充分协商并达成一致意见。

（四）文种是否正确，格式是否规范；人名、地名、时间、数字、段落顺序、引文等是否准确；文字、数字、计量单位和标点符号等用法是否规范。

（五）其他内容是否符合公文起草的有关要求。

需要发文机关审议的重要公文文稿，审议前由发文机关办公厅（室）

进行初核。

第二十一条　经审核不宜发文的公文文稿，应当退回起草单位并说明理由；符合发文条件但内容需作进一步研究和修改的，由起草单位修改后重新报送。

第二十二条　公文应当经本机关负责人审批签发。重要公文和上行文由机关主要负责人签发。党委、政府的办公厅（室）根据党委、政府授权制发的公文，由授权机关主要负责人签发或者按照有关规定签发。签发人签发公文，应当签署意见、姓名和完整日期；圈阅或者签名的，视为同意。联合发文由所有联署机关的负责人会签。

第六章　公文办理

第二十三条　公文办理包括收文办理、发文办理和整理归档。

第二十四条　收文办理主要程序是：

（一）签收。对收到的公文应当逐件清点，核对无误后签字或者盖章，并注明签收时间。

（二）登记。对公文的主要信息和办理情况应当详细记载。

（三）初审。对收到的公文应当进行初审。初审的重点是：是否应当由本机关办理，是否符合行文规则，文种、格式是否符合要求，涉及其他地区或者部门职权范围内的事项是否已经协商、会签，是否符合公文起草的其他要求。经初审不符合规定的公文，应当及时退回来文单位并说明理由。

（四）承办。阅知性公文应当根据公文内容、要求和工作需要确定范围后分送。批办性公文应当提出拟办意见报本机关负责人批示或者转有关部门办理；需要两个以上部门办理的，应当明确主办部门。紧急公文应当明确办理时限。承办部门对交办的公文应当及时办理，有明确办理时限要求的应当在规定时限内办理完毕。

（五）传阅。根据领导批示和工作需要将公文及时送传阅对象阅知或者批示。办理公文传阅应当随时掌握公文去向，不得漏传、误传、延误。

（六）催办。及时了解掌握公文的办理进展情况，督促承办部门按期办结。紧急公文或者重要公文应当由专人负责催办。

（七）答复。公文的办理结果应当及时答复来文单位，并根据需要告知相关单位。

第二十五条　发文办理主要程序是：

（一）复核。已经发文机关负责人签批的公文，印发前应当对公文的审批手续、内容、文种、格式等进行复核；需作实质性修改的，应当报原签批人复审。

（二）登记。对复核后的公文，应当确定发文字号、分送范围和印制份数并详细记载。

（三）印制。公文印制必须确保质量和时效。涉密公文应当在符合保密要求的场所印制。

（四）核发。公文印制完毕，应当对公文的文字、格式和印刷质量进行检查后分发。

第二十六条　涉密公文应当通过机要交通、邮政机要通信、城市机要文件交换站或者收发件机关机要收发人员进行传递，通过密码电报或者符合国家保密规定的计算机信息系统进行传输。

第二十七条　需要归档的公文及有关材料，应当根据有关档案法律法规以及机关档案管理规定，及时收集齐全、整理归档。两个以上机关联合办理的公文，原件由主办机关归档，相关机关保存复制件。机关负责人兼任其他机关职务的，在履行所兼职务过程中形成的公文，由其兼职机关归档。

第七章 公文管理

第二十八条　各级党政机关应当建立健全本机关公文管理制度,确保管理严格规范,充分发挥公文效用。

第二十九条　党政机关公文由文秘部门或者专人统一管理。设立党委(党组)的县级以上单位应当建立机要保密室和机要阅文室,并按照有关保密规定配备工作人员和必要的安全保密设施设备。

第三十条　公文确定密级前,应当按照拟定的密级先行采取保密措施。确定密级后,应当按照所定密级严格管理。绝密级公文应当由专人管理。

公文的密级需要变更或者解除的,由原确定密级的机关或者其上级机关决定。

第三十一条　公文的印发传达范围应当按照发文机关的要求执行;需要变更的,应当经发文机关批准。

涉密公文公开发布前应当履行解密程序。公开发布的时间、形式和渠道,由发文机关确定。

经批准公开发布的公文,同发文机关正式印发的公文具有同等效力。

第三十二条　复制、汇编机密级、秘密级公文,应当符合有关规定并经本机关负责人批准。绝密级公文一般不得复制、汇编,确有工作需要的,应当经发文机关或者其上级机关批准。复制、汇编的公文视同原件管理。

复制件应当加盖复制机关戳记。翻印件应当注明翻印的机关名称、日期。汇编本的密级按照编入公文的最高密级标注。

第三十三条　公文的撤销和废止,由发文机关、上级机关或者权力机关根据职权范围和有关法律法规决定。公文被撤销的,视为自始无效;公文被废止的,视为自废止之日起失效。

第三十四条　涉密公文应当按照发文机关的要求和有关规定进行清退或者销毁。

第三十五条　不具备归档和保存价值的公文，经批准后可以销毁。销毁涉密公文必须严格按照有关规定履行审批登记手续，确保不丢失、不漏销。个人不得私自销毁、留存涉密公文。

第三十六条　机关合并时，全部公文应当随之合并管理；机关撤销时，需要归档的公文经整理后按照有关规定移交档案管理部门。

工作人员离岗离职时，所在机关应当督促其将暂存、借用的公文按照有关规定移交、清退。

第三十七条　新设立的机关应当向本级党委、政府的办公厅（室）提出发文立户申请。经审查符合条件的，列为发文单位，机关合并或者撤销时，相应进行调整。

第八章　附　则

第三十八条　党政机关公文含电子公文。电子公文处理工作的具体办法另行制定。

第三十九条　法规、规章方面的公文，依照有关规定处理。外事方面的公文，依照外事主管部门的有关规定处理。

第四十条　其他机关和单位的公文处理工作，可以参照本条例执行。

第四十一条　本条例由中共中央办公厅、国务院办公厅负责解释。

第四十二条　本条例自 2012 年 7 月 1 日起施行。1996 年 5 月 3 日中共中央办公厅发布的《中国共产党机关公文处理条例》和 2000 年 8 月 24 日国务院发布的《国家行政机关公文处理办法》停止执行。